이 책에 쏟아진 찬사

★★★★★

이 책은 단순한 '투자지침서'를 넘어 근로소득 중심의 삶에서 자본소득 중심의 삶으로 건너가는 가장 현실적이고 강력한 다리를 제공한다. 저자는 수십 년간 국내외 금융시장의 최전선에서 실전 경험을 쌓아온 투자전문가로서 복리의 법칙을 단순한 이론이 아니라 '삶의 전략'으로 재정의한다.

이 책이 특별한 이유는 명확하다. 대다수 투자서가 '무엇에 투자할까'를 다루는 데 반해 이 책은 '왜 투자해야 하는지, 어떤 구조로 내 자산을 성장시켜야 하는지, 그리고 그 과정에서 흔들리지 않는 법'을 알려준다. 저자가 강조하는 핵심Core-주변Satellite 전략과 장기 ETF 투자 원칙은 초보 투자자도 실천할 수 있을 만큼 간명하면서도 평생 자산을 지키고 키우기에 아주 강력하다.

저자는 투자라는 행위를 단순한 기술이나 단기 성과 추구가 아니라 미래의 삶을 스스로 설계하고 주도하기 위한 가장 지혜로운 선택으로 바라본다. 특히 한국 직장인들이 겪는 현실적 고민인 '열심히 일해도 부자가 되지 못하는 이유'에 대한 명쾌한 해답을 '복리 시스템'이라는 관점에서 제시한다. 이는 젊은 세대가 직면한 불안, 조급함, 정보 과부하의 시대에 더욱 절실한 메시지다.

이 책을 읽다 보면 투자에 대한 불필요한 두려움이 걷히고 그 자리에 복리, 분산, 절제라는 가장 본질적이고 단단한 원칙이 자리 잡는다. 무엇보다도 이 원칙들은 단순히 투자법이 아니라, 삶을 대하는 태도이자 미래를 준비하는 힘이다. 자산 형성을 향한 길을 찾는 청년, 3040 직장인, 그리고 지금부터라도 '나의 미래를 바꿔보고자' 하는 분들에게 큰 도움이 될 것이다. 이 책은 복리의 마법이 작동하는 인생 구조를 만드는 데 확실한 지침이 될 것이다. 경제적 자유를 삶의 중심에 두고자 하는 모든 분에게 강력히 추천한다.

- 김우석, 삼성자산운용 대표이사

금융 현장이 매우 빠르게 변화함에 따라 투자자들의 고민은 더욱 깊어지고 있다. 투자에서 가장 중요한 것은 원칙을 지키는 태도라고 생각한다. 이 책은 단기 성과가 아닌, 책임 있는 투자 문화와 탄탄한 기본기를 강조한다. 균형 잡힌 시각을 제시하며 독자들이 흔들리지 않는 투자 기준을 세우도록 돕는다. 금융업 종사자로서 저자의 메시지가 매우 가치가 있다고 느낀다. 건강한 투자 문화를 고민하는 모든 이에게 이 책을 추천한다.

- 박종문, 삼성증권 대표이사(사장)

일상의 분주함 속에서도 꾸준히 유지하려는 것이 있다면 젊은 세대와의 만남이다. 후배들과의 만남에서 가끔 이런 말을 던져보곤 한다. "20대에 재정 문제로부터 자유로울 수만 있다면 미래를 준비하는 마음의 여력과 시간이 얼마나 더 풍성해질 것인가?" 재정 문제로부터 자유하라는 것은 돈을 외면하라는 것이 아니다. 오히려 재정 빌드업에 대한 불확실성을 최소화하고 검증된 확실성에 맡기라는 것이다.

이 책은 젊은 세대가 재정 빌드업에 대한 조급함과 불안에서 벗어나 자유를 누리고 그 토대 위에서 자기다움의 스토리를 채워가며 역동적인 미래를 준비해가도록 용기를 주고 견고한 길라잡이가 되리라 생각한다.

— **한승환**, 삼성공익재단 대표이사(사장)·전 삼성인력개발원 부원장

당신이 이미 알고 있는 부자의 비밀이 여기 있다. 돈과 시간의 함수가 마법을 펼친다. 그동안 투자가 어려웠다면, 투자에 실패했다면, 투자를 서둘렀다면 이 책은 당신을 겨냥한다. 투자는 작전이 아니라 삶의 태도다. 조급했다면 꾸준하게, 불안했다면 진중하게, 몰아쳤다면 펼쳐놓는 평생 전략을 세우자. 심리의 함정을 뛰어넘는 시장의 언어가 보인다. 이 비밀은 지금 시작하지 않으면 의미가 없다. 당신이 이 방법을 시도했을 때와 시도하지 않았을 때의 부의 격차는 어마어마할 것이다.

— **김재원**, 아나운서·유튜브 김재원TV 대표

오랜만에 보는 차별화된 투자 전략이 담긴 글이다. 현업의 경험을 살린 깊이 있는 통찰과 풍부한 서술로 독자들이 자신에게 맞는 투자 전략을 세우는 데 도움이 될 것이라고 생각한다. 특히 젊은 세대를 위한 진심이 담긴 글이라는 것을 느낄 수 있었다. 부자는 '작은 절약, 꾸준한 투자, 시간이 만드는 마법'이라는 부제가 참 마음에 든다. 빨리 부자가 되려는 심리로 밈 자산에 집중하고 포모를 만들고 있는 최근의 국면에서 진심으로 세상에 좋은 영향을 주는 책이 될 것이다.
— **박병창**, 교보증권 이사·『돈을 부르는 매매의 심리』 저자

주식 투자가 필수인 시대에서 우리는 어떻게 공부를 해나가야 할까? 이 책은 주식 투자를 위한 이론, 투자 심리를 다스리는 방법, 구체적 투자 방법과 전략, 다양한 팁까지 망라해 투자를 완결할 수 있도록 안내한다. 체계적으로 주식 투자를 배우고 싶어 하는 수요자 입장에서 세심함을 보여준다. 일독을 권한다.
— **오건영**, 신한은행 프리미어 패스파인더 단장

이 책은 투자 이론과 실무 경험을 균형 있게 담아내며 젊은 세대가 반드시 갖추어야 할 자산 형성의 원칙을 제시한다. 복리, 분산, 절제라는 근본적 가치 위에 투자 심리와 실행까지 체계적으로 정리한 구성은 인생과 금융을 함께 바라보는 저자의 넓은 시야를 보여준다. 특히 S&P500 ETF를 활용한 장기 복리의 힘과 젊은 시절 능력 개발의 중요성은 오늘의 학생뿐 아니라 20~30대에게 매우 실

질적인 길잡이가 될 것이다. 올바른 투자관을 세우고 미래를 설계하고자 하는 모든 독자에게 이 책을 추천한다.
- **이남우**, 연세대 국제학대학원 객원교수·한국기업거버넌스포럼 회장

50대 이상 많은 우리나라 국민은 '저축이 미덕'이라는 표어와 함께 근검절약을 삶의 방식으로 삼아왔다. 그러나 산업화와 세계화의 큰 흐름 속에서 성실히 일하며 저축해온 사람들에게 돌아온 것은 보람보다 오히려 상대적 박탈감인 경우가 많았다. 주변에서는 주식이나 코인으로 큰돈을 벌었다는 이야기가 들려오고 뒤늦게 용기를 내어 투자 세계에 뛰어들지만 결과는 기대와 다르게 실망스럽기 일쑤다. 각종 시황 분석과 고수들의 리딩을 따라가 봐도 장기적으로는 성과가 미미하며 무엇보다 마음의 평안을 잃어버리기 쉽다.
그렇다고 이 세계에서 쉽게 빠져나오기도 어렵다. 언제까지 주가의 등락을 예측하고 그다음을 장식할 주도주 찾기에 심신을 소모해야 할까. '투기'가 아니라 '투자'를 할 만한 곳과 안정적 방법론을 고민하는 것은 그만한 가치가 충분하다고 본다. 그런 의미에서 이론과 실무를 겸비한 황정호 교수의 책을 스스로 주린이라고 여기는 분들에게 적극적으로 추천한다. 시간이 허락되지 않는 분들은 서점에서 목차라도 천천히 읽으며 음미하더라도 충분한 통찰을 얻을 수 있을 것이다.
- **이진우**, SBS Biz 앵커·GFM 투자연구소장

책을 읽는 내내 과거 월스트리트를 취재할 때 안개 속에서 희미하

게만 보이던 투자의 정도正道가 비로소 눈앞에 또렷이 드러나는 듯한 감동에 사로잡혔다. 이 책은 최고의 투자 전문가가 초보자도 이해할 수 있는 용어로 S&P500 ETF와 같은 장기투자와 분산투자의 힘을 설명하며 복리와 절제의 원리를 결합한 실천적 전략을 제시한다. 돈이 돈을 벌게 설계하고 자신은 더 가치 있는 일에 집중하는 삶을 살기 원하는 분들에게 이 책을 강력히 추천한다.

– 이철민, 조선일보 국제전문기자

투자에서 가장 큰 위험은 모르는 것이 아니라 안다고 착각해 실천하지 못하는 것에 있다. 그 대표적인 개념이 바로 '복리'다. 이 책은 복리와 시간처럼 투자의 기본 중 기본이 되는 개념부터 시작해, 개인투자자가 반드시 알아야 할 원리를 놀랄 만큼 쉽게 설명한다. 투자에 막막함을 느끼며 '다시 기본으로 돌아가야겠다.'는 생각이 들었다면 최선의 선택이 될 것이다.

– 이효석, HS아카데미 대표이사

부의 초가속

WEALTH HYPERACCELERATION
부의 초가속

삼성에서 30여 년간 200조 원 자산을 운용한
최고투자책임자가 들려주는 평생 자산 시스템 구축!
부의 축적 설계도!

황정호 지음

철학, 꾸준한 투자, 시간이 만드는 마법

서문

복리 시스템에 맡기고 당신은 삶에 집중하라

"진짜 투자자는 돈이 스스로 불어나는 시스템을 만드는 사람이다." 내가 평생 투자업에 종사하면서 확신하게 된 사실이다. 돈이 스스로 불어나는 시스템은 생각보다 단순하다. 일정 금액을 주가지수 상장지수펀드ETF에 정기적으로 투자하고 시장의 오르내림에 흔들리지 않고 오래 기다리는 것이다. 그러면 돈은 나를 대신해 일하기 시작하고 시간은 내 편이 되어 자산은 저절로 불어난다. 이것이 복리compound interest 시스템이다. 증권시장과 개별주식의 가격 변동에 신경을 쓰지 않고 에너지와 시간을 자기 자신과 삶에 집중하는 전략적 선택이다.

나는 삼성생명 런던 투자법인에서 유럽 주식 펀드를 직접 운용한 펀드매니저로 출발해 본사의 주식운용팀장과 자산운용 최고책임자CIO로서 200조 원의 자산을 운용하며 국내외 주식, 채권, 대체투자까지 다양한 투자를 경험했다. 그 오랜 여정에서 가장 마음이 아팠던 순간이 여러 번 있었다. 다름 아니라 한국의 개인투자자들이 어렵게 모은 돈을 주식시장에서 너무 쉽게 잃는 모습을 볼 때였다. 특히 코로나 팬데믹 시기 '동학개미운동'과 이후 '서학개미' 열풍 속에서 밤낮없이 투자에 나선 젊은 직장인들이 지식과 전략 없이 돈을 잃는 모습이 너무 안타까웠다. 또한 나를 비롯한 주변 지인들의 자녀들이 사회에 진출했어도 현실적인 투자 조언을 얻지 못해 막막해하는 모습도 흔히 볼 수 있었다. 대학에서 재무관리와 주식투자론을 강의하며 만난 청년들의 처지도 다를 게 없었다. 역시 투자에 관심은 컸지만 정작 투자가 무엇인지, 미래 자산을 어떻게 형성해야 할지의 기준과 방향은 거의 알지 못했다. 유튜브나 SNS에 떠도는 단편적인 정보에 의지하며 미국 주식이나 코인에 무작정 손을 대고 있었다.

　나는 이런 안타까운 모습을 보면서 '젊은 세대가 제대로 투자할 수 있도록 내 경험과 원칙을 전해야겠다'고 결심했다. 그래서 젊은 이들이 참고할 만한 자산 형성 가이드북이나 투자 관련 서적을 찾아보았다. 그런데 대부분이 개별주식의 단기 매매 기법이나 기술적 분석에 치중되어 있었다. ETF 관련 서적도 많았지만 복리 효과를 위한 주가지수 ETF보다는 테마형 ETF 등 위험이 큰 상품들을 소개하는 데 초점이 맞춰져 있었다. 소위 말하는 '한 방에 대박을 꿈꾸는' 달콤한 유혹에 가까웠다. 하지만 현실은 그러한 유혹이 쉽게 통하지 않는다. 그래서 이 책은 단순한 투자 기법서가 아니라 젊은 세대가 복리의 힘으로 자산을 키우고 물질로부터 자유로운 삶을 준비할 수 있도록 안내하는 '삶과 투자의 로드맵'으로 만들고자 했다. 책을 쓰면서 가장 먼저 떠오른 질문이 있다. 아주 단순한 질문이다.

'왜 주식 투자가 필요한가?'

한국의 직장인 대부분은 열심히 일하고 꾸준히 저축한다. 하지만 시간이 지나도 기대만큼 부자가 되지 못한다. 왜 그럴까? 그 이유는 간단하다. 저축만으로는 자산이 늘어나지 않기 때문이다. 물가는 계속 오르고 자산 가격은 더 빠르게 상승한다. 그런데 은행 금리는 이를 따라가지 못한다. 결국 저축한 돈의 실질 가치는 시간이 지날수록 줄어든다. 당대 최고의 투자자 워런 버핏이 "현금예금은 장기적으로 형편없는 선택이다."라고 말한 이유가 바로 여기에 있다.

인플레이션 시대에는 현금 대신 생산적인 자산, 즉 혁신을 통해 성장하는 기업의 주식에 투자해야 한다. 그중에서도 지난 수십 년간 가장 안정적이면서도 높은 수익률을 보여준 자산은 미국의 대표 기업들로 구성된 S&P 500 지수였다. 최근 한국증시도 정부의 밸류업 정책과 상법 개정 추진 등으로 저평가 문제를 개선하려는 노력이 있지만, 한국 기업들이 지속적인 혁신과 주주 중심 경영을 실현할지는 아직 불확실하다. 더 나아가 정부 정책이 투자자 중심으로 일관되게 추진될지도 미지수다. 따라서 복리 효과를 위한 장기 투자 전략으로는 미국의 대형 기업들로 구성된 S&P 500 ETF를 핵심 자산으로 삼는 것이 가장 안정적이며 성과가 검증된 선택이 될 것이다.

복리는 자산 격차의 시작점이다. 내가 보는 투자의 핵심 원리는 복리다. 복리는 시간이 지날수록 자산이 초가속으로 증가하는 놀라운 힘을 지닌다. 예를 들어 30년 동안 매년 400만 원씩 연금저축에 투자한다고 가정해 보자. 만약 연평균 수익률이 2%라면 최종 자산은 약 1억 6,000만 원에 불과하다. 그러나 같은 30년 동안 연 8%의 수익률을 기록한다면 자산은 약 4억 5,000만 원으로 불어난다. 수익률 차이는 단지 6%포인트에 지나지 않는다. 그러나 30년이란 시간의 힘 때문에 결과적으로 쌓이는 자산의 격차는 3억 원 이상으로 크게 벌어진다. 이것이 바로 복리의 초가속 효과이며 미래의 삶의 질을 결정짓는 핵심 변수다. 이러한 복리의 마법은 일찍 시작할수록 강력해진다. 시간은 가장 든든한 투자 파트너다.

그렇다면 현실적으로 어떻게 투자를 실행해야 할까? 그 해법이 바로 핵심Core - 주변Satellite 전략이다.

- 핵심 자산: 전체 투자 자산의 70% 이상을 주가지수 ETF에 장기 투자
- 주변 자산: 나머지 30% 이하를 개별주식이나 섹터 ETF에 분산투자

이 전략은 복리 효과를 통해 미래 자산을 안정적으로 형성하는 동시에 주변 자산을 통해 시장 변동성을 활용한 단기 기회도 추구할 수 있다. 더 나아가 주변 자산 투자는 투자자의 경험과 실력을

쌓는 훈련장이 되기도 한다. 따라서 이 책은 복리 법칙과 ETF 투자에 그치지 않고 개별주식 투자법까지 폭넓게 다룰 것이다.

지금 시작하지 않으면 10년 후 반드시 후회한다. 주식 투자는 선택이 아니라 필수다. 근로소득만으로는 미래의 재정적 안정을 확보하기 어렵다. 만약 주식 자산에 투자하지 않는다면 인플레이션과 자산 격차로 인해 시간이 지날수록 점점 더 불리한 위치에 놓일 수밖에 없다. 주식시장에서 실패하는 이유는 단기적인 시세차익만 노리거나 아무런 준비 없이 뛰어들기 때문이다.

투자는 빠를수록 효과가 크다. 같은 1,000만 원이라도 30대에 투자한 사람과 40대에 투자한 사람이 60대에 얻게 되는 자산 규모는 전혀 다르다. 복리의 초가속 효과는 일찍 시작한 사람에게 압도적인 차이를 안겨준다. 지금 바로 연금저축계좌나 개인종합자산관리계좌ISA를 열고 한 주라도 미국 S&P 500 ETF에 투자해 보자. 그 작은 첫걸음이 10년 뒤의 나를 완전히 다른 위치에 서게 할 것이다.

이 책은 주식 투자의 본질, 이론, 투자자 심리와 행동, 실행이라는 네 가지 축이 건물을 지탱하는 견고한 기둥처럼 통합하여 구성했다. 먼저 복리, 주식회사, 주식 투자의 정의를 통해 왜 주식 투자가 필요한지 근본 원리를 짚어본다. 이어 주가 결정 요인, 가치평가, 분산투자 등 기본 이론을 다룬다. 다음으로 투자자의 심리적 오류와 실패 원인을 분석한다. 마지막으로 연금 계좌를 활용한 주가지수 ETF뿐 아니라 섹터 ETF와 개별주식의 투자 전략을 예시와 함께 구체적으로 제시한다.

이 책의 기본 접근법은 핵심-주변 전략이다. 이 전략 위에 네 가지 기둥이 견고하게 세워질 때 독자는 균형 잡힌 투자관을 확립하고 안정적인 자산 형성이라는 목표를 이룰 수 있다. 나의 35년 경험과 지식을 녹여 이 책 한 권으로 기초부터 실천까지 완결된 길잡이가 되도록 했다.

이 책이 전하고자 하는 단 하나의 메시지가 있다. '당신의 미래 자산 형성은 주식 투자가 답이다.'라는 것이다. 복리의 초가속 효과가 작동하는 투자 구조를 만들고 물질로부터 자유로운 삶을 준비하자. 주식 투자는 단지 시세차익을 목표로 주식을 매매하는 기술이 아니다. 안정된 미래를 설계하고 자산 격차를 극복하며 자신의 삶을 주도적으로 살아가기 위한 가장 지혜로운 저축 수단이다.

다시 한번 말하지만 '당신의 미래 자산 형성은 주식 투자가 답이다.'라는 것을 명심하기를 바란다. 미래의 자산 형성을 위한 주식 투자를 지금 바로 시작하자. 복리의 마법이 시간이 지나면서 가속 효과를 발휘하며 당신의 자산을 눈덩이처럼 불려줄 것이다. 이 책이 당신의 투자 여정에 든든한 안내서가 되기를 소망한다.

목차

서문 복리 시스템에 맡기고 당신은 삶에 집중하라 • 4

1장
투자의 본질은 복리 시스템 구축이다 • 15

1. 핵심 – 주변 전략으로 복리 법칙을 실현한다 • 19
   돈이 스스로 일하게 만들어야 한다 • 19
   복리를 활용하면 자산이 초가속으로 증가한다 • 21
   부를 키우는 복리의 세 가지 원칙이 있다 • 22
   어떻게 복리를 내 편으로 만들 수 있을까 • 28
   핵심-주변 전략을 통해 미래 자산을 만든다 • 29

2. 장기 복리의 최적 자산은 주식 투자다 • 33
   가장 강력한 투자 자산은 주식이다 • 34
   돌반지 대신 S&P 500 통장이 더 지혜롭다 • 35
   주식 투자는 장기 저축 수단이다 • 39
   장기 복리 자산의 최종 해답은 주가지수 ETF 투자다 • 40
   S&P 500 ETF 장기 투자는 고수익-저위험이다 • 46

3. 현대 경제 체제와 주식 투자의 기본을 알자 • 50
   주식회사 제도와 자본주의 체제를 제대로 이해하자 • 51
   달러 패권에 맞서는 새로운 금융질서가 태동하고 있다 • 58
   국내 시장에만 머물지 말고 글로벌에 투자해야 한다 • 61

2장
주가를 움직이는 네 가지 힘의 크기를 파악하자 · 65

1. 주가의 변동성은 유동성과 심리가 만든다 · 69
   주가를 결정하는 네 가지 힘은 이익, 금리, 유동성, 심리다 · 70
   시장은 유동성과 심리에 따라 출렁이지만 균형을 찾는다 · 81

2. 시장 가격과 본질가치를 읽어야 한다 · 86
   가격 소음을 구별하고 가치 신호를 포착해야 한다 · 87
   기업가치를 평가하는 3대 핵심 지표를 이해하자 · 91
   변동성 시대에 투자의 본질은 안전마진 확보에 있다 · 102
   지수 구성 종목의 가치를 읽는 능력이 ETF 투자의 기본기다 · 104

3. 분산투자가 장기 복리를 만든다 · 108
   장기 투자 성과는 자산 배분에서 결정된다 · 109
   종목, 시점, 지역과 통화에 분산투자를 한다 · 112
   인생 최고 수익은 자기 자신에 대한 투자다 · 119

3장
심리적 오류와 행동 편향을 이해해야 한다 · 123

1. 인간의 한계를 인정하고 겸손해야 한다 · 127
   비합리적 인간의 오류와 편향을 이해한다 · 128

투자의 진짜 실력은 겸손이다 • 136
시장을 이긴 사람은 자신과의 싸움에서 이긴 사람이다 • 138

2. 개인 투자자는 왜 실패하는가 • 141
투자를 지배하는 감정의 악순환에서 벗어나야 한다 • 142
한국 주식시장은 개인에게 불리하게 기울어진 게임판이다 • 144
레버리지 ETF, 전업투자, 미국 개별주식에 대한 착각을 버리자 • 150
개별주식 장기 보유 전략은 성공하기 어렵다 • 153

4장
ETF와 연금으로 실전 복리 시스템을 완성하자 • 159

1. ETF 투자는 미래 자산 형성의 핵심이다 • 163
직장인과 초보 투자자는 ETF로 시작하는 것이 좋다 • 164
ETF는 시장 전체의 성장에 참여하는 강력한 투자 도구다 • 169
테마형, 레버리지, 액티브 ETF는 고위험 상품이다 • 172
연금 계좌를 통한 적립식 투자의 꾸준함이 이긴다 • 178
지수 ETF와 연금 계좌는 자산 형성에 최적화된 조합이다 • 182
[예시] 포트폴리오 구성과 실행 시스템 구축 • 186
포트폴리오의 구성과 전략은 생애주기에 따라 달라진다 • 188

2. 퇴직연금과 연금저축은 강력한 복리 엔진이다 • 195
퇴직연금, 이것 하나로도 충분하다 • 196
노후를 가르는 퇴직연금의 절대적 변수는 수익률이다 • 202
퇴직연금은 중단 없이 운용될 때 효과를 발휘한다 • 204

연금저축과 개인형퇴직연금IRP으로 더 큰 효과를 얻자 • 205
　　S&P 500 ETF 투자는 연금 계좌의 핵심 자산이다 • 208
　　[실전 사례] 'ETF+연금 계좌'를 이용한 실전투자 로드맵 • 214

3. 개별주식 투자는 주변 전략의 실전 훈련장이다 • 222
　　개별주식 투자를 통한 절제와 성찰로 투자의 근육을 키운다 • 223
　　좋은 투자는 좋은 종목보다 좋은 아이디어에서 나온다 • 226
　　숲을 보고 흐름을 타는 '톱다운+모멘텀' 전략이 일반적이다 • 228
　　[예시] 실전 톱다운 투자 프로세스 • 235
　　숫자보다 본질이고 가격보다 가치의 바텀업 투자다 • 236
　　전략은 추세 추종으로 하되 사고방식은 역발상하라 • 240

4. 성공 투자의 3대 원리는 삶의 원리다 • 248
　　성공 투자의 3대 원리는 복리, 분산, 절제다 • 250
　　성공 투자의 3대 원리는 자산 형성과 삶의 철학적 토대가 된다 • 253
　　핵심-주변 전략을 통해 복리의 철학을 실행에 옮기자 • 261
　　근로소득에서 자본소득으로 전환해야 한다 • 264

에필로그　투자는 삶의 전략이다 • 268

1장

투자의 본질은
복리 시스템 구축이다

투자의 본질은 복리 시스템을 만드는 것이다. 내가 직장에 첫발을 내딛던 1989년 코스피 지수는 사상 최고치였던 1,000을 기록한 직후였다. 그리고 35년이 지나도록 3배 정도 상승에 불과했던 지수는 2025년 하반기에 급격히 상승하여 이제 겨우 4,000을 돌파하고 있다. 반면 미국의 S&P 500 지수는 같은 기간 동안 무려 22배 이상 상승했다. 한국 시장은 수십 년 동안 제자리걸음을 했지만 미국 시장은 눈부신 복리 성장을 이어온 것이다.

그 과정에서 내가 얻은 가장 큰 깨달음은 분명하다. 성공 투자는 개별종목의 단기 등락을 맞추며 매매에 몰두하는 데 있지 않다. 진정으로 중요한 것은 시간이 흐를수록 자산이 기하급수적으로 불어나는 구조, 곧 복리 시스템을 만들어내는 일이다. 다시 말해 복리로 성장하는 시장에 자산을 오랫동안 맡길 수 있는 투자 시스템을 갖추는 것이야말로 성공 투자의 본질이다.

오늘날 우리는 단순히 월급을 저축하는 시대를 넘어 돈이 스스로 일하는 시스템을 구축해야 하는 시대에 살고 있다. 복리의 마법을 이해하고 주식이라는 자산의 성격을 파악하며 자본주의라는 제도의 작동 원리를 깨달아야 비로소 주식 투자를 통한 건전한 자산 형성의 길에 들어설 수 있다.

이 장에서는 복리의 법칙을 통해 시간과 수익률이 자산 격차를 어떻게 만들어 내는지를 살펴본다. 그리고 주식 투자의 개념과 종류를 다루고 개별주식과 주가지수 ETF의 차이를 설명하며 장기 투자는 결국 한 나라 경제의 미래와 시스템을 신뢰하는 일임을 강조한다. 마지막으로 현대 경제 체제의 핵심을 살펴보며 주식회사와 주주 중심 경영이 자본주의 성장을 떠받치는 구조임을 확인한다.

1
핵심 – 주변 전략으로 복리 법칙을 실현한다

많은 사람이 열심히 일하고 저축하지만 시간이 지나도 기대만큼 부자가 되지 못한다. 왜 그럴까? 단순히 돈을 모으는 예금과 적금만으로는 부족하기 때문이다. 은행에 돈을 맡겨서는 인플레이션을 따라잡기도 벅차다.

주식 투자를 통해 돈이 스스로 일하게 만들어야 한다. 이는 주식 투자의 목적이 단기 매매 차익이 아니라 장기적인 자산 형성을 위한 저축의 수단이 되어야 한다는 의미다. 이러한 원리를 가능하게 하는 가장 강력한 도구가 바로 복리 법칙compounding interest rule이다.

돈이 스스로 일하게 만들어야 한다

돈이 스스로 일하게 만든다는 것의 의미란 무엇일까? 자산을 형

복리의 초가속 효과

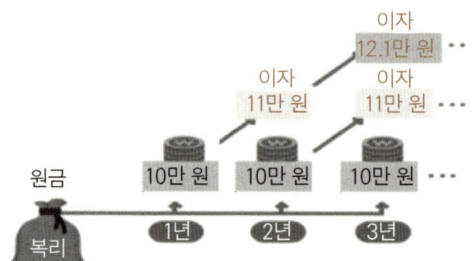

복리의 눈덩이 효과

성하는 가장 강력한 도구 중 하나가 시간이다. 복리는 시간이 지날수록 기하급수적으로 커지는 이자 구조를 갖는다. 단순한 덧셈이 아니라 시간이 길어질수록 가속도가 붙는 곱셈의 원리다.

예를 들어 100만 원을 연 10%의 수익률로 투자하면 1년 뒤에는 110만 원이 된다. 2년 뒤에는 110만 원에 다시 10% 이자가 붙어서 121만 원, 3년 뒤에는 133만 원이 된다. 이 과정을 반복하면 시간이 지날수록 이자수익이 급증하면서 원금과 이자 등 자산은 눈덩이처럼 불어난다.

이처럼 복리 효과는 눈덩이를 굴리는 것, 즉 눈덩이 효과 snowball

effect에 비유할 수 있다. 언덕 위에서 작은 눈덩이를 굴리면 시간이 지날수록 가속도가 붙어 큰 덩어리가 되듯 복리 효과도 시간이 길어질수록 위력을 발휘한다. 처음 몇 년은 별 차이가 없어 보이지만 일정 시점을 지나면 자산 증가 속도가 급격히 빨라진다.

복리를 활용하면 자산이 초가속으로 증가한다

단리는 원금에만 이자가 붙지만 복리는 이자에도 다시 이자가 붙는다. 복리는 은행 예금이자를 제외한 채권수익률과 경제성장률 및 인플레이션율 등 대부분의 경제 활동에 적용되는 수익률이다. 복리를 수식으로 표현하면 뒤에서 보듯이 투자 원금에 운용수익이 '시간의 지수법칙'으로 증가하는 것이 된다. 아인슈타인은 '복리야말로 지구 최고의 발명품'이라고 말했다고 한다. 수익률이 시간에 따라서 기하급수적으로 증가한다는 것은 투자와 경제 성장에서 간단하지만 가장 강력한 원리라는 것을 강조한 것이다.

많은 투자자가 단기 매매를 통해 빠르게 부자가 되기를 원한다. 하지만 단기 투자는 시장을 예측해야 하고 반복적인 매매로 인해 수수료와 세금이 증가하며 무엇보다도 감정적인 결정이 개입되어 손실로 귀결되는 것이 대부분이다. 나는 30년 이상 자본시장에서 일하면서 수많은 개인투자자를 만나왔다. 단타 매매로 이익을 얻었다고 자랑하던 사람들은 몇 년이 지나면 대부분 자산이 줄어 있었다. 반면 지수 ETF를 묵묵히 들고 있던 투자자들은 큰 욕심을 부리지 않았다. 하지만 시간이 지남에 따라 오히려 자산이 안정적으

복리의 초가속 효과: 시간의 지수 법칙

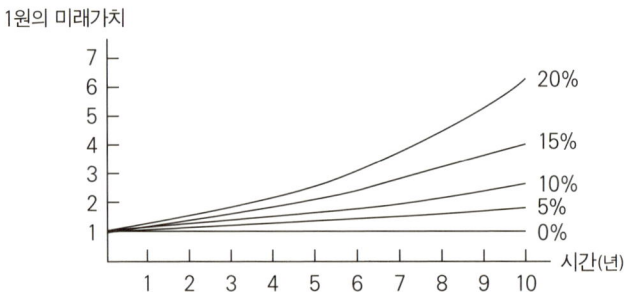

로 불어나 있었다.

복리 투자는 이처럼 장기적인 자산 형성에 적합하다. 가격이 상승하는 자산에 오랫동안 투자하면 시간이 지날수록 초가속적으로 자산이 늘어난다. 복리를 이해하고 이를 가져올 수 있는 자산에 투자하는 것이야말로 장기적 부의 형성에 필수다.

부를 키우는 복리의 세 가지 원칙이 있다

복리를 활용해 자산을 기하급수적으로 늘리려면 세 가지 조건이 충족되어야 한다. 수익률, 변동성, 그리고 시간이다. 이 세 가지는 따로 떨어져 있는 것이 아니라 서로 맞물려 있다. 첫째, 수익률이 일정 수준 이상이어야 한다. 수익률의 힘을 설명하는 복리 공식으

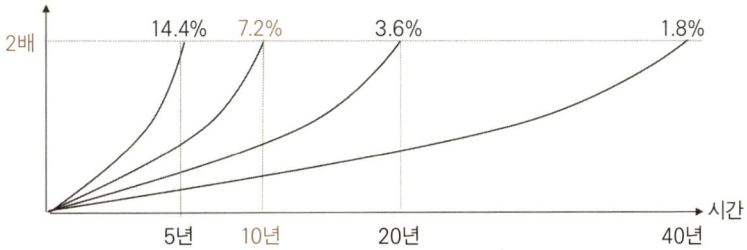

로 '72법칙'이라는 것이 있다. 이는 투자금이 두 배가 되는 데 걸리는 시간을 산출하는 공식으로서 '숫자 72'를 연평균 수익률로 나누어서 계산한다.

예를 들어 연 1.8% 수익률이면 원금이 두 배가 되려면 무려 40년이 걸린다. 하지만 연 7.2% 수익률만 되어도 10년 만에 원금이 두 배로 성장한다. 단 5.4%포인트 차이가 자산 증가 속도에서는 30년이라는 엄청난 격차를 만든다.

복리 효과가 눈에 보일 만큼 나타나려면 수익률이 최소 4%는 넘어야 한다. 4% 미만에서는 체감하기 어렵지만 4%를 넘어서면 시간이 지날수록 성장 속도가 가속되며 자산이 폭발적으로 불어난다. 낮은 수익률에서는 복리 효과가 미미하지만 일정 수준을 넘어서면 기하급수적으로 확대된다.

둘째, 수익률의 변동성이 작아야 한다. "투자는 곱셈이다."라는 말이 있다. 마이너스 수익률이 발생하면 복리 효과는 급격히 약화된다. 예를 들어 연평균 10%의 수익을 목표로 하는 투자자가 첫해에 50% 손실을 보면 다음 해에 50% 상승하더라도 원금을 회복하지 못한다. 100만 원이 50% 하락하면 50만 원이 되지만 이후 50% 상승해도 75만 원이 될 뿐이다.

위의 그래프는 수익률 변동성이 복리 효과에 어떤 차이를 만드는지를 보여준다. 같은 평균수익률이라도 변동성이 클수록 최종 자산은 크게 줄어든다. 특히 +50%와 -30%가 번갈아 나타나는 경우에는 거의 자산이 늘지 못한다. 반면에 일정하게 +10% 수익을 꾸준히 기록할 때 자산은 눈덩이처럼 불어나며 복리의 힘이 가장 강력하게 작동한다.

이것이 바로 개별종목 중심의 변동성 큰 투자가 위험한 이유다. 반대로 시장 전체를 포괄하는 주가지수 ETF에 장기 투자하면 안

워런 버핏 순자산의 연령별 추이

(단위: K=1,000달러, M=100만 달러, B=10억 달러)

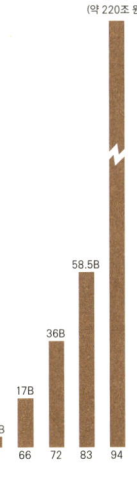

5K	6K	10K	20K	140K	1M	1.4M	2.4M	3.4M	7M	8M	10M	25M	34M	19M	67M	376M	620M	1.4B	2.3B	3.8B	17B	36B	58.5B	154B (약 220조 원)
14	15	19	21	26	30	32	33	34	35	36	37	39	43	44	47	52	53	57	58	59	66	72	83	94

정적이고 꾸준한 복리 성과를 기대할 수 있다. 세계 최고의 투자자 워런 버핏이 "투자에서 가장 중요한 원칙은 원금을 잃지 않는 것"이라고 강조한 것도 같은 맥락이다. 손실이 클수록 복리 효과는 무력화되므로 수익률이 안정적인 자산을 선택하는 것이 장기 투자자의 필수 원칙이다.

셋째, 투자 기간이 길어야 한다. 복리의 가장 강력한 무기는 시간이다. 일정한 수익률과 안정성만 확보된다면 시간이 길어질수록 자산은 폭발적으로 커진다. 일정 변곡점을 지나면 시간은 초가속 효과$_{\text{hyper-acceleration effect}}$를 발휘한다. 최소 20년 이상은 투자해야 눈에 보이는 차이가 본격적으로 나타난다.

『돈의 심리학』 저자인 모건 하우절$_{\text{Morgan Housel}}$은 "워런 버핏의 순자산 중 99%가 65세 이후에 축적된 것이다. 그의 재주는 투자였

매년 400만 원 적립 시 투자 기간 차이 효과

납입기간	원금 (연간 400만 원)	2%(원리보장형)		8%(S&P 500)	
		원금+수익	수익률	원금+수익	수익률
10년(50대 시작)	4,000만 원	4,380만 원	10%	5,795만 원	45%
20년(40대 시작)	8,000만 원	9,719만 원	21%	1억 8,305만 원	129%
30년(30대 시작)	1억 2,000만 원	1억 6,227만 원	35%	4억 5,313만 원	278%

지만 그의 비밀은 시간이었다."라고 하며 버핏의 투자 성과에서 복리 효과의 중요성을 언급했다. 워런 버핏 자신도 탁월한 성과를 거둔 원인에 대해서 "첫째는 미국에 태어난 것, 둘째, 약간의 수학적 재능을 가진 것, 마지막으로 복리의 법칙을 이해한 것"이라고 언급하면서 '내 삶은 복리의 산물'이라고 할 만큼 복리의 위력을 직접 증언했다.

워런 버핏은 14세부터 투자를 시작했다. 버핏의 부는 높은 수익률뿐만 아니라 오랜 시간 꾸준하게 투자한 것에서 비롯되었다. 만약 그가 30세 이후에 투자를 시작하고 60세에 은퇴했다면 오늘날 아무도 워런 버핏을 기억하지 못할 것이다. 결국 복리에서 가장 중요한 요소는 시간이다. 버핏처럼 오래 살든지 아니면 일찍 시작하든지 둘 중 하나를 선택해야 한다. 늦게 시작하면 복리의 기적은 절반 이상 사라진다.

투자 기간에 따른 복리 효과 차이를 한번 살펴보자. 앞에서도 말했지만 투자를 일찍 시작할수록 복리 효과는 더욱 강력해진다. 같은 수익률이라도 투자 기간이 길수록 최종 자산의 차이는 엄청나다. 예를 들어 매년 400만 원을 S&P 500 ETF에 투자한다고 가정

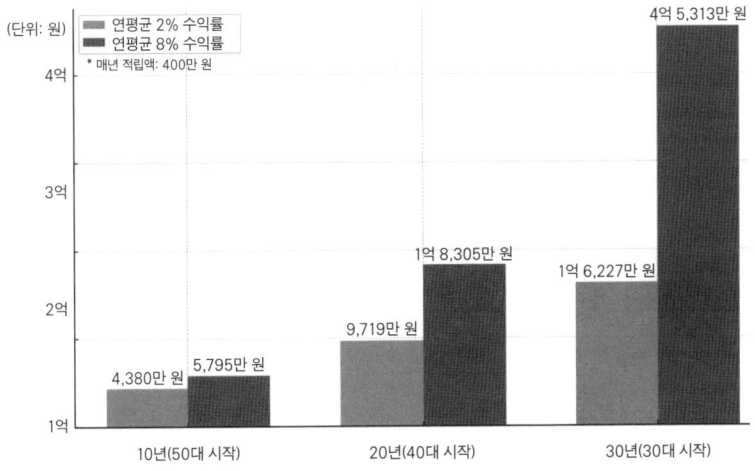

해 보자. 만약 30세부터 시작해 30년 동안 연평균 8% 수익률을 기록한다면 60세 시점에 원금 대비 278%의 수익을 내게 된다. 반면에 40세에 시작해 20년만 투자했다면 수익률은 129%에 그친다. 50세부터 10년만 투자한다면 겨우 45%의 수익에 머문다. 같은 조건에서도 30년 투자와 10년 투자의 성과 차이는 무려 233%포인트에 달한다. 시간의 힘이 얼마나 무서운지 보여주는 대목이다. 반대로 연 2%의 예금 수준으로 운용한다면 30년간 수익률은 35%에 불과하다. 10년 누적 수익률 10%와 비교해도 차이가 고작 25%포인트에 그쳐 복리 효과를 체감하기 어렵다.

결국 복리 효과의 핵심은 '일정 수준 이상의 수익률을 얼마나 오랫동안 유지하느냐.'에 달려 있다. 실제로 한국의 퇴직연금 가입자 대부분이 운용하는 원리 보장형 상품의 평균수익률은 약 2% 수준에 불과하지만 S&P 500 지수의 과거 평균수익률은 8~10%에 이른다.

앞의 그래프를 보면 수익률 차이에 기간 효과가 더해지면 미래 얼마나 큰 자산 격차를 가져 오는지를 분명하게 확인할 수 있다.

어떻게 복리를 내 편으로 만들 수 있을까

어떻게 하면 복리를 내 편으로 만들 수 있을까? 핵심은 단순하다. 첫째, 안정적으로 우상향하는 자산을 찾아서 일찍 시작하고 멈추지 않고 꾸준히 투자하는 것이다. 무엇보다 중요한 것은 가능한 한 빨리 시작하는 것이다. 복리 효과는 시간이 지날수록 기하급수적으로 커진다. '늦었다고 생각할 때가 가장 빠를 때'라는 말이 있듯이 지금이라도 하루 빨리 시작하는 것이 최선의 선택이다.

둘째, 주기적인 투자 습관을 갖춰야 한다. 주가가 하락했다고 투자를 멈추는 실수를 해서는 안 된다. 일정 금액을 꾸준히 적립식으로 투자하면 가격이 내려갈 때 더 많은 주식을 매수하게 되고 평균 매입 단가가 낮아져 최종 성과가 크게 증가한다.

셋째, 재투자를 멈추지 않는 것이 중요하다. 배당금, 이자소득, 추가 자금을 재투입할 때 복리의 힘은 배가 된다. 젊은 세대라면 단기적인 배당보다 주가 상승을 통한 장기 복리에 집중하는 것이 더 유리하다.

마지막으로 주가지수 ETF를 활용한다. 개별주식이나 특정 섹터 ETF는 변동성이 커서 복리 효과가 중간에 무력화될 수 있다. 반면 주가지수 ETF는 시장 전체를 담아 안정적인 평균수익률을 확보할 수 있어서 장기 복리 투자에 가장 적합한 수단이다.

그렇다면 복리 효과를 극대화하는 최적의 자산은 무엇일까? 장기적 자산 형성을 위해서 가장 중요한 것은 복리 효과가 작동하는 자산을 찾아서 인내력을 갖고 장기간 멈추지 말고 투자하는 것이다. 역사적으로 검증된 최고의 투자 대상은 S&P 500 지수다. 이 지수는 장기적으로 연평균 8~10%의 수익률을 기록하며 지속적으로 성장해 왔다. 따라서 복리의 효과를 극대화하려면 S&P 500 지수 ETF에 장기 투자하는 것이 가장 안정적이고 검증된 방법이다.

핵심-주변 전략을 통해 미래 자산을 만든다

지금까지 우리는 복리의 원리가 얼마나 강력한지 그리고 수익률, 시간, 변동성이라는 세 가지 조건이 복리 효과에 어떤 영향을 주는지를 살펴보았다. 그렇다면 이 강력한 복리의 원리를 실제 투자 생활에 어떻게 적용할 수 있을까?

내가 수십 년의 투자 경험을 통해 얻은 답은 바로 '핵심-주변 전략'이다. 이 전략은 전체 투자 자산을 두 축으로 나누어 운영하는 단순하면서도 강력한 방법이다. 먼저 핵심 자산은 전체 투자금의 70% 이상을 차지한다. 변동성이 낮고 우상향하는 자산에 장기 투자하여 복리 효과를 통해 안정된 미래를 위한 자산을 형성한다. 대표적으로 S&P 500 ETF가 있다. 주변 자산은 전체 투자 자산의 30% 이내에서 운용한다. 국내외 개별주식이나 섹터 ETF에 투자

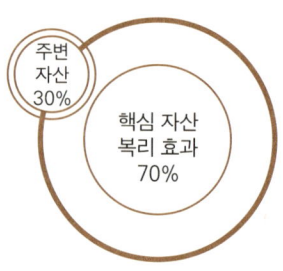

하여 추가 수익을 내고 투자 경험을 쌓으며 시장을 배우는 역할을 한다. 다만 직장인이라면 '밤에 꿀잠을 잘 수 있을 정도의 규모'에서만 운용하는 것이 바람직하다. 주변 전략은 어디까지나 기회를 보완해 주는 수단일 뿐 자산 형성의 주력이 되어서는 안 된다.

예를 들어 매달 100만 원을 투자한다고 해보자. 이 중 70만 원은 S&P 500 ETF에 꾸준히 적립하고(핵심), 나머지 30만 원은 관심 있는 개별종목이나 섹터 ETF에 투자한다(주변). 단순한 구조지만 시간이 지나면 놀라운 차이가 생긴다. S&P 500이 연평균 8% 수익률을 낸다고 가정하면 30년 후 핵심 자산은 원금 2억 2,520만 원이 무려 10억 4,325만 원으로 불어난다. 이 과정에서 주변 전략이 가져오는 성과는 덤처럼 더해질 수 있다.

- 매달 100만 원 투자
    - 70만 원 → S&P 500 ETF에 장기 투자(핵심)
    - 30만 원 → 개별주식 또는 섹터 ETF에 투자(주변)

- 매달 70만 원을 S&P 500 연평균수익률 8%로 운용 시 예상 자산 규모
  - 10년 후: 원금 8,400만 원, 자산 1억 2,806만 원

    (수익률 52%)
  - 20년 후: 원금 1억 6,800만 원, 자산 4억 1,231만 원

    (수익률 145%)
  - 30년 후: 원금 2억 2,520만 원, 자산 10억 4,325만 원

    (수익률 363%)
  - ※ 주변 전략을 통해 낸 수익은 별도

투자의 본질은 검증된 전략과 꾸준함이다. 단기 수익에 집착하다 보면 손실을 보기 쉽다. 하지만 핵심-주변 전략을 지켜가면 안정성과 수익성이라는 두 마리 토끼를 동시에 잡을 수 있다. 그 결과 투자자는 미래에 대한 불안에서 벗어나 현재의 삶에 충실할 수 있고 은퇴 이후 경제적 자유와 가치 있는 삶을 준비할 수 있다.

무엇보다 중요한 것은 지금 시작하는 것이다. 주식 투자는 선택이 아니라 필수다. 그 핵심은 복리다. 오늘 1,000만 원을 투자하는 것과 10년 후 1,000만 원을 투자하는 것은 완전히 다른 미래를 만든다. 10년 후 후회하지 않으려면 지금 당장 핵심-주변 전략을 실천해야 한다.

 **투자 인사이트**

미래의 부를 만드는 복리의 전략

- 복리는 시간이 지날수록 자산을 가속적으로 증가시키는 미래 자산 형성의 핵심 원리다.
  복리의 마법은 ① 수익률이 일정 수준 이상이고 ② 변동성이 작고 ③ 장기간 유지될 때 본격적으로 작동한다. 이 강력한 복리 효과를 실현하기 위한 가장 현실적이고 효과적인 구조가 '핵심 – 주변 전략'이다.

- 안정적인 핵심$_{Core}$ 자산으로 장기 복리 효과를 통해 미래 자산을 형성하여 물질로부터 자유를 얻는 기반을 만들고, 시장의 변동성을 활용하는 주변$_{Satellite}$ 자산으로 경험을 축적하고 기회이익을 극대화한다.

- 주식 투자는 자산 형성과 소득의 핵심 원천이다. 지금 바로 시작하자. 주식 투자는 이제 선택이 아니라 필수다!

2
장기 복리의 최적 자산은 주식 투자다

"장기적으로 어떤 자산이 가장 유망할까?"

흔히 하는 고민이다. 자산 형성의 핵심 원리는 바로 복리와 시간의 힘에서 찾을 수 있다. 투자자에게 가장 중요한 일은 복리가 작동하는 자산을 발견하여 지금 당장 투자하고 시간의 힘을 믿으며 기다리는 것이다.

과연 복리 법칙이 가장 강하게 작동하는 자산은 무엇일까? 대부분 부동산, 금, 암호화폐, 채권 등을 떠올리겠지만 역사적으로 가장 높은 실질수익률을 기록한 자산은 단연 '주식', 특히 S&P 500 지수로 대표되는 미국의 주식이었다.

가장 강력한 투자 자산은 주식이다

미국 와튼스쿨의 제러미 시겔Jeremy Siegel 교수의 연구에 따르면 1802년부터 2021년까지 200년이 넘는 기간 동안 미국 주식은 연평균 실질수익률 6.9%를 기록하며 채권, 금, 현금 등 다른 자산을 압도했다.

예를 들어 1802년에 1달러를 주식에 투자했다면 220년 후 그 가치는 복리 효과로 인해 무려 233억 4,920달러가 되었을 것이다. 반면 같은 기간 동안 현금을 보유했다면 인플레이션으로 인해 구매력은 95% 이상 감소했다. S&P 500 지수는 지난 10년, 30년, 100년 등 어느 기간을 보더라도 연평균 8~10%의 수익률을 꾸준히 기록해 왔다. 이는 미국 주식이 자본주의 성장과 기술혁신의 복리 효과를 반영하는 최고의 투자 자산이라는 사실을 보여준다.

워런 버핏 역시 투자를 세 가지로 구분했다. 첫째, 겉보기에 안전해 보이지만 시간이 지나면서 가치가 줄어드는 MMF*와 채권과 예금을 실제는 '위험한 투자'라고 했다. 둘째, 배당이나 이자 같은 산출물이 나오지 않는 금을 '이상한 투자'라고 불렀다. 셋째, 반대로 기업처럼 가치를 창출하는 생산 자산을 '좋은 투자'라고 강조했다. 버핏이 평생 기업과 주식에 집중한 것도 바로 이 때문이다.

물론 미래의 시장은 과거와 동일하지 않을 것이다. 그러나 마크 트웨인의 "역사는 똑같이 반복되지 않지만 운율은 남는다History

---

* 머니 마켓 펀드Money Market Fund는 단기채권형 초단기 투자펀드를 말함.

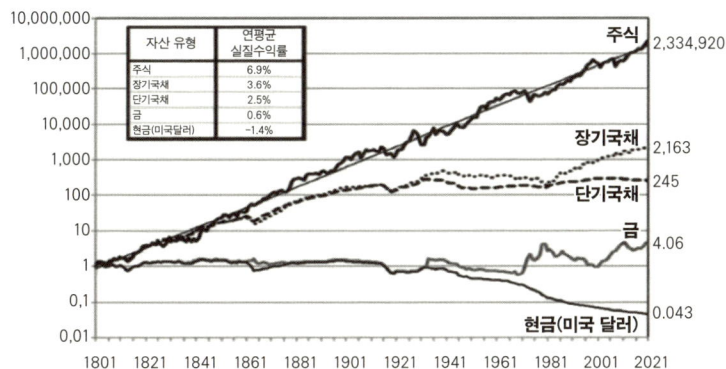

1달러 실질가치의 변화(1802~2021)

(출처: 제러미 시겔(2014), 「주식에 장기투자하라Stocks for the Long Run」 자료를 2021년 데이터로 업데이트함.)

doesn't repeat itself, but it often rhymes."라는 말처럼 세계 경제를 견인하는 미국 대형주의 혁신과 성장이 계속된다면 S&P 500 지수의 미래 수익률은 과거와 크게 다르지 않을 가능성이 높다.

예컨대 S&P 500 지수가 앞으로도 연평균 실질수익률 7% 수준으로 상승한다면 현재 1억 원의 자산은 10년 뒤 2억 원, 30년 뒤 거의 8억 원으로 불어나게 된다. 이것이 바로 복리의 힘이 만들어내는 초가속적 성장이며 주식이야말로 미래 자산 형성을 위한 핵심 자산임을 보여주는 가장 단순하고도 명확한 증거이다.

돌반지 대신 S&P 500 통장이 더 지혜롭다

사람들은 자산을 불리기 위해 부동산, 채권, 금, 암호화폐 등 다양한 투자 대상을 떠올린다. 그러나 장기적으로 복리의 법칙이 가장 강하게 작동하는 자산이 무엇인지를 따져보면 그 답은 분명해진다.

부동산은 인플레이션 방어는 가능하나 수익률 편차가 크다. 부동산은 전통적으로 인플레이션 방어 수단으로 여겨져 왔다. 통화량 확대와 함께 자산 가격이 상승하는 현대 경제 구조 속에서 부동산 역시 일정한 수혜를 입어 왔다. 특히 대도시는 정보화와 도시화에 따른 수요 집중으로 가격이 급등했다. 그러나 부동산을 장기적으로 안정적인 복리 자산으로 보기에는 여러 한계가 존재한다. 더군다나 부동산은 인구 증가세가 줄고 경제성장률이 낮아지면서 수요 기반이 약해지고 있다. 또한 세금, 대출 규제, 보유 비용 등 제도적·정책적 제약 요인도 크게 작용한다. 더불어 부동산은 지역에 따라 수익률 편차가 크고 개별 건당 투자 금액이 과다하여 투자 목적으로 접근하기 쉽지 않다는 점도 한계로 지적된다.

채권은 주식 수익률의 안정성 제고를 위한 보완 자산이다. 채권은 일반적으로 변동성이 낮고 안정적인 현금흐름을 제공하는 자산으로 인식됐다. 특히 지난 30년간 금리가 지속해서 하락하면서 채권 가격이 추세적으로 상승해서 장기 투자 자산으로도 우수한 성과를 보여주었다. 하지만 앞으로의 채권시장은 과거와는 다른 환경에 직면해 있다. 고령화로 인한 연금·의료 비용 증가와 재정 지출 확대로 인한 국채 발행량 증가는 공급 압력을 키우고 있다. 한편 베이비 붐 세대의 은퇴와 잠재성장률 하락은 수요를 제약할 가능성이 크다. 이러한 구조적 변화 속에서 미국 국채 수익률은 3~5% 수준에서 정체될 가능성이 크다. 채권수익률이 중금리 수준에서 유지된다면 장기 복리로 자산을 늘리는 역할을 기대하기는 어렵다. 채권은 주식 투자의 변동성을 완화하고 포트폴리오의 균형을 맞추는 '보완 자산'으로 이해하는 것이 현실적이다.

금은 위기 시 안전자산이지 가치가 증가하는 자산은 아니다. 금은 오랫동안 정치 경제적 불확실성에 대한 대표적 방어 자산으로 기능해 왔다. 인플레이션이 심해질 때 구매력을 지켜주는 헤지 수단, 화폐 가치가 흔들릴 때의 대체 자산, 전쟁과 금융위기 시기의 안전 피난처로 꾸준히 수요를 유지해 왔다. 최근에도 미-중 갈등과 러시아-우크라이나 전쟁으로 중국과 러시아 중앙은행의 금 보유가 크게 늘었고 미국의 재정적자 확대에 따른 달러 약세 우려가 금 수요를 더욱 자극하고 있다. 그러나 금은 본질적으로 생산적 자산이 아니다. 기업처럼 이익을 창출하지도 않고 배당이나 이자를 지급하지도 않는다. 시간이 지남에 따라 복리로 자산을 불려주는 구조를 갖추고 있지 않다는 점에서 장기 투자 자산으로 한계가 뚜렷하다. 따라서 금은 자산을 증식하기 위한 투자 수단이라기보다는 위기 상황에서 리스크를 분산하고 미국 달러화 가치 하락에 대비하는 헤지용 자산으로 제한적으로 보유하는 것이 바람직하다.

내가 첫아이의 돌을 맞이한 것은 1992년 10월이었다. 우리 전통에서는 아이가 한 살이 되는 돌에 금반지를 선물하는 풍습이 있다. 그런데 만약 그때 금반지가 아니라 S&P 500 지수를 매입한 통장을 선물 받았다면 어땠을까? 32년이 지난 2024년 말 기준 금 가격은 약 7배 올랐지만 S&P 500 지수는 무려 14배 상승했다. 돌반지는 여전히 소중한 전통의 상징이지만 미래를 준비하는 선물이라면 금보다 S&P 500 ETF 통장이 더 지혜로운 선택이 될 수 있다.

암호화폐는 복리 투자 자산으로 볼 수 있을까? 아직 그 여부는 불확실하다. 암호화폐는 2008년 글로벌 금융위기 이후 전통 금융시스템에 대한 대안으로 등장한 자산이다. 대표격인 비트코인은 중앙은행 없이 운영되는 디지털 통화로 희소성과 기술적 기반을 앞세워 '디지털 금Digital Gold'이라고도 불리며 가치 저장 수단으로 주목받고 있다. 그러나 비트코인은 내재가치 평가가 어렵고 ETF 출시 등 제도권 편입이 진행 중이라 하더라도 가격 변동성이 매우 크다. 따라서 장기 복리 투자 자산으로 보기에는 여전히 불확실성이 높다. 비트코인을 제외한 알트코인은 생태계 유지가 어렵고 90% 이상이 장기적으로 소멸할 가능성이 커 복리 투자 자산으로는 더욱 부적합하다. 한편 미국은 달러 패권 유지를 위한 전략의 하나로 달러화 기반의 스테이블코인 확산을 정책적으로 유도하고 있다. 달러화와 연동된 스테이블코인은 가격 안정성이 높아 거래와 정산 수단으로는 유용하지만 개인에게 투자 자산이라기보다는 결제 수단에 가깝다.

주식을 제외한 투자 대상은 여러모로 제약이나 불확실성이 크다. 다시 한번 정리해 보면 부동산은 지역별 편차와 규제의 영향을 크게 받는다. 채권은 안정성을 제공하지만 보완 자산에 머무르며 금은 달러화 가치 하락과 위기 상황의 방어 수단일 뿐 장기 복리 수익은 기대하기 어렵다. 암호화폐는 매력적인 이야기와 가능성을 지녔으나 불확실성이 여전히 크다. 결국 다양한 자산을 비교해 보더라도 장기 복리 효과를 통해 안정적 성장을 기대할 수 있는 자산은 '주식'뿐이다. 주식은 기업의 혁신과 이익을 반영하며 세계 경제의 성장과 생산성 향상을 가장 직접적으로 담아내는 자산이다.

특히 주가지수에 기반한 분산투자 전략은 개별 기업의 리스크를 줄이면서도 자본주의 성장의 과실을 꾸준히 누릴 수 있는 가장 효율적인 방법이다. 지난 100여 년간 복리 자산으로 확실히 검증된 대표 사례가 바로 미국 대형주 중심의 S&P 500 지수다. 이 지수는 세계 경제를 선도하는 기업들의 성장을 반영하며 장기적으로 복리 수익률의 본보기이자 투자 자산의 중심축으로 자리매김해 왔다.

주식 투자는 장기 저축 수단이다

"주식 투자란 개별주식이나 ETF 투자를 통하여 혁신을 기반으로 성장하는 기업의 주주가 되어 성과를 공유하고 자본주의 경제와 시스템을 신뢰하며 미래의 경제적 기반을 쌓아가는 장기 저축의 한 방식이다."

나는 지난 35년간 국내외에서의 투자 경험을 바탕으로 미래의 경제적 안정을 준비하는 가장 중요한 투자 자산은 '주식'이라고 확신한다. 그래서 주식 투자를 위와 같이 정의했다.

내가 가장 중요한 투자 자산으로 주식을 꼽는 이유가 있다. 첫째, 주식 투자는 개별종목에 대한 직접 투자뿐 아니라 비용이 저렴하고 투명하며 거래가 편리한 ETF를 포함한다. 특히 본업이 있는 개인투자자라면 개별주식보다 ETF 투자를 우선 고려하는 것이 합리적인 선택이다. ETF는 펀드를 증시에 상장해 주식처럼 거래할 수 있도록 만든 금융상품이다. 주가지수 ETF는 특정 주가지수를 그대로 추종하도록 설계되어 지수와 같은 흐름으로 가격이 움직인다.

둘째, 주식 투자의 본질은 단순히 시세차익을 얻는 것이 아니라 기업의 주인이 되어 성과를 공유하는 것이다. 단기적 가격 변동보다 기업의 장기적 성장과 이익에 초점을 맞추는 것이 올바른 접근이다.

셋째, 복리 효과를 안정적으로 기대하려면 경제와 시스템을 신뢰할 수 있고 장기적으로 성장이 가능한 국가의 대표 지수에 투자해야 한다. 모든 나라의 주가지수가 우상향하는 것은 아니므로 자본주의 시스템과 주주 중심 경영이 정착된 시장을 선택하는 것이 중요하다. 개별 기업은 실패할 수 있지만 이러한 시장의 대표 지수는 경제 전체의 혁신과 성장을 반영하며 장기적으로 우상향하는 구조를 갖는다.

결국 복리 효과를 가장 확실히 누리는 길은 신뢰할 수 있는 국가의 대표 지수 ETF에 장기 적립식으로 투자하는 것이다. 이것이 바로 주식 투자가 단순한 투기가 아니라 미래를 준비하는 새로운 저축 방식인 이유다.

장기 복리 자산의 최종 해답은 주가지수 ETF 투자다

사실 개별주식에 투자할 때는 자신이 기업 주인으로서 함께 성장한다는 마인드가 있어야 한다. 주식은 단순한 투자 수단이 아니라 기업 자본의 일부를 의미한다. 주식을 보유한다는 것은 곧 '주인'으로서 기업의 성과를 공유하는 것이다. 비록 소액주주가 경영에 직접 영향력을 행사할 수는 없지만 경영의 파트너라는 마음가짐으로 기업의 성장을 관심 있게 지켜보며 성과를 공유하려는 자세를 가져야 한다. 하지만 현실에서 개별주식 투자는 탐욕과 공포에 의한 감정적 판단과 테마성 주식의 단기매매로 수익을 내기가 어려운 영역이다.

워런 버핏은 주식 투자를 단순히 종목을 고르는 일이 아니라 장기적으로 함께할 '사업'을 선택하는 과정으로 보았다. 그는 투자 대상을 고르는 기준을 뚜렷하게 제시했다. 첫째, 이해하기 쉬운 사업이다. 10년 후의 매출과 이익을 어느 정도 예측할 수 있을 만큼 단순하고 본질이 명확해야 한다. 둘째, 장기 성장성이 확보된 기업이다. 특히, 브랜드, 유통망처럼 경쟁자가 쉽게 넘볼 수 없는 독점적 지위, 즉 경제적 해자$_{moat}$를 갖춘 기업이 여기에 해당한다. 셋째, 경영진의 정직성과 자본 배치 역량이다. 자본을 어디에 어떻게 투입하느냐에 따라 기업의 장기 수익력이 달라지며 자기자본이익률$_{ROE}$을 높일 수 있는 자본 배치 능력은 훌륭한 경영자의 핵심 자질이라고 강조했다. 마지막으로 매입 가격에 대한 원칙이다. 아무리 좋은 기업이라도 반드시 내재가치보다 낮은 가격에 매수해야 한다.

이 원칙을 바탕으로 버핏은 지난 60년 동안 S&P 500 지수를 두 배 가까이 웃도는 연평균 약 20%의 성과를 거두었다. 그러나 이는 재무제표 해석, 기업 분석, 미래 예측 등 고도의 역량과 풍부한 경험이 뒷받침되어야 가능한 결과다. 아쉽게도 한국 시장에서는 이러한 기준을 충족하는 기업을 찾기도 쉽지 않다. 따라서 개별주식 투자는 전체 자산의 일부(약 30%) 범위 내에서 제한적으로 운용하는 것이 바람직하다. 바로 주변 전략으로 투자하는 것이다.

하지만 '좋은 기업'이 반드시 '좋은 주식'은 아니다. 개인투자자들은 개별주식을 고를 때 지인의 추천, 뉴스, 인플루언서의 정보에 의존해 충분한 분석 없이 매수하고 손실을 보는 경우가 많다. 흔히 '우량주'라고 불리는 대기업도 예외는 아니다. 우량기업은 재무구조가 탄탄하고 경쟁력과 경영진의 역량이 검증된 기업이다. 하지만 그 장점이 이미 주가에 반영되어 있을 수 있다. 고평가된 상태에서 실제 성과가 기대치에 미치지 못하면 오히려 주가가 하락할 위험이 크다. 주가는 기대치와 현실의 차이에 반응하기 때문이다. 아무리 훌륭한 기업이라 하더라도 "경영 성과가 기대보다 좋으면 better than expected 오르고, 기대보다 나쁘면 worse than expected 떨어진다."라는 것이 시장의 속성이다.

개별주식 투자는 무엇보다 신중하고 철저한 분석이 필요하다. 가치투자의 아버지 벤저민 그레이엄 Benjamin Graham 은 "투자란 철저한 분석으로 원금을 지키고 만족스러운 수익을 추구하는 활동"이라고 정의했다. 그는 내재가치보다 낮은 가격에서 매수해 안전마진 margin of safety 을 확보하는 것이 성공의 핵심이라고 강조했다. 즉 훌륭한 기업이라도 주가가 이미 지나치게 비싸다면 좋은 투자가 될 수 없다. 오히려 훌륭한 기업일수록 가격을 냉정히 따져보고 충분히 저렴할 때 매수해야 장기적으로 성공할 수 있다.

주식시장은 전 세계의 전문가들이 경쟁하는 '프로의 무대'다. 이런 시장에 아마추어 개인투자자가 진입하는 것은 마치 아마추어 선수가 세계 최고의 프로 선수들과 함께 경기에 나서는 것과 다름없다. 전문적인 훈련을 받은 투자자조차 시장 평균을 이기기 어렵다. 그런데 본업이 있는 일반 직장인이 겸업 투자로 주가지수 수익률보다 높은 성과를 거두는 것은 사실상 불가능에 가깝다.

물론 개별주식 투자에서 실력과 경험을 쌓는 것은 의미가 있다. 그러나 주식시장은 탐욕과 공포 같은 인간 심리가 지배하는 예측 불가능한 공간이다. 지식과 훈련만으로는 극복하기 힘든 비합리성과 감정의 소용돌이가 존재한다. 이러한 한계를 넘어설 수 있는 방법이 바로 주가지수 ETF 투자다. 개별주식 투자와 달리 주가지수 ETF 투자는 경제의 미래와 시스템에 투자하는 것이다. 시장 전체를 그대로 사는 수동적 투자passive investing 전략으로 감정 개입을 최소화하고 시간의 힘에 기대어 복리 효과를 누릴 수 있는 효율적인 방식이다.

뱅가드Vanguard를 설립한 존 보글John Bogle은 전문 펀드투자자의 90% 이상이 장기적으로 시장의 대표 주가지수(인덱스)를 이기지 못한다는 사실에 주목하여 전체 시장을 추종하는 인덱스펀드를 개발했다. 이후 ETF가 등장하면서 투자자는 초저비용으로 손쉽게 시장 전체에 투자할 수 있게 되었고 주식 투자의 패러다임은 근본

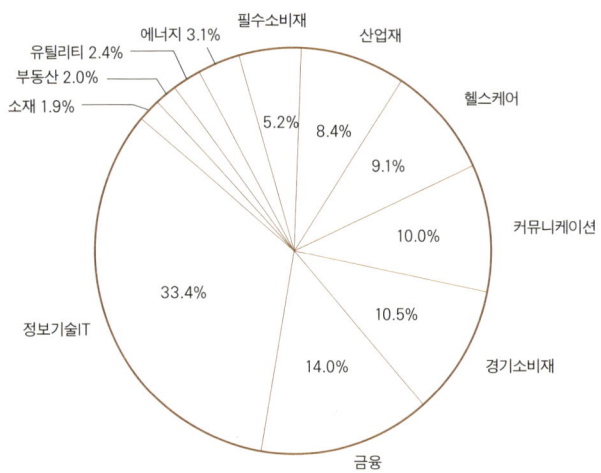

적으로 변화했다. 반면 액티브 펀드는 시장 초과 수익을 추구하지만 장기적으로 성과를 유지하기 어렵고 수수료 또한 ETF 대비 약 10배 이상 높아 장기 수익률에 불리하다. 이러한 이유로 주가지수 ETF 투자를 핵심 전략으로 주목할 필요가 있다.

주가지수 ETF에 투자한다는 것은 해당 증권시장에 상장된 주력 기업들을 시가총액 비중으로 분산투자를 하는 것이고 그 나라의 경제와 시스템에 대한 신뢰의 표현이기도 하다. 예를 들어 S&P 500 ETF에 투자한다는 것은 미국 증시에 상장된 500대 기업을 가장 비용 효율적으로 매수하는 것이다. 동시에 '미국이라는 주식회사'의 주주가 되는 것과 같다. 지난 200년 동안 미국 증시는 연평균 8~10%의 장기 수익률을 기록해 왔으며 2010년 이후에는 빅테크 기업의 혁신, 생산성 향상, 주주 중심 경영, 자본시장의 투명성

개별주식 투자와 주가지수 ETF 투자 비교

구분	개별주식 투자	주가지수 ETF (미국)
투자 개념	- 기업 소유권 일부, 경영의 파트너	- 한 나라 경제의 미래와 시스템에 투자 (시스템은 기업 거버넌스, 투자자 보호, 주주 환원을 말함) - 시간의 힘: 복리 효과
필요 역량	- 기업분석, 매매 역량 - 탐욕과 공포에 의한 감정적 판단 최소화	- 투자시장 선별: S&P 500, 나스닥 (글로벌 주식) - 자동 적립식 투자 시스템, 꾸준함
투자 성과	- 대부분 개인투자자 실패	- 장기 투자 시 복리 효과로 투자성과 가장 우수
핵심-주변 전략	- 주변 자산 (30%)	- 핵심 자산 (70%)
유의점	- 섹터 ETF는 개별주식 투자의 일종	- 코스피는 장기 투자에 부적합

과 투자자 보호 체계가 이러한 성과를 뒷받침해 왔다.

  장기적으로 주가지수 ETF에 투자할 때는 해당 국가의 경제 구조가 혁신을 촉진하고 주주가치를 보호하며 시장 시스템이 건전하게 작동하는지를 점검해야 한다. 모든 국가의 증시가 장기적으로 우상향하는 것은 아니며 신뢰할 수 있는 제도와 시스템을 갖춘 나라의 대표 지수에 투자해야만 복리 효과가 안정적으로 작동한다. 한편 업종별 ETF(섹터 ETF)는 특정 산업에 집중적으로 투자하는 구조이므로 사실상 개별주식 투자와 유사한 위험과 변동성을 가진다. 장기 복리 자산으로는 부적합하며 핵심 – 주변 전략에서 주변 자산에 해당한다.

  결국 본업이 있는 개인투자자가 주식 투자로 성공하는 길은 주가지수 ETF 투자다. 그것은 "어떤 국가의 경제와 시스템을 믿고 장기적으로 동행할 것인가?"라는 선택의 문제다. 신뢰할 수 있는 국가의 대표 지수에 장기적으로 투자하는 것이 미래 자산 형성의 가장 확실한 방법이다.

S&P 500 ETF 장기 투자는 고수익-저위험이다

주식시장은 본질적으로 단기적인 변동성을 품고 있다. 때로는 큰 폭의 하락이 투자자에게 불안과 의심을 안겨준다. 하지만 이는 피해야 할 위험이 아니라 주식 투자에 본질적으로 수반되는 '비용이자 기회'다. 역사를 돌이켜보면 주가는 단기적으로 출렁였지만 결국 기업의 실적과 경제 성장에 수렴해 왔다.

나도 지난 35년간 투자 현장에서 닷컴버블 붕괴, 리먼 브러더스 사태, 코로나 팬데믹과 같은 수많은 위기와 경기 침체를 직접 경험했다. 그러나 시장은 결국 회복되었고 하락장은 언제나 장기 투자자에게 더 좋은 매수 기회가 되어주었다. 미국 증시의 사례를 보면 평균적으로 10년에 한 번꼴로 30% 이상 폭락했고 거의 매년 10% 이상의 조정이 있었다. 이러한 하락과 조정은 피할 수 없는 '코스트'이며 바로 그 대가를 감내하는 투자자만이 장기적으로 주식시장에서 높은 보상을 얻을 수 있었다. 특히 개별주식에 투자할 때 시장 전체보다 훨씬 큰 변동성에 노출된다. 투자한 기업에 대한 확신이 부족하면 주가 등락에 따라 감정이 흔들리고 결국 단기 매매를 반복하게 된다. 이는 개별주식 투자의 성과가 주가지수 ETF보

S&P 500 ETF 보유 기간별 수익 확률

1926. 1. 31~2017. 12. 31

	수익·손해 개수			수익·손해 비율	
	수익	손해	합	수익	손해
일 수익률*	12,343	10,916	23,259	53.1%	46.9%
월 수익률	693	411	1,104	62.8%	37.2%
분기 수익률	253	115	368	68.8%	31.3%
연간 수익률	68	24	92	73.9%	26.1%
연(연속한 12개월) 수익률**	816	277	1,093	74.7%	25.3%
5년(연속한 60개월) 수익률**	914	130	1,044	87.5%	12.5%
10년(연속한 120개월) 수익률**	926	58	984	94.1%	5.9%
20년(연속한 240개월) 수익률**	864	0	864	100.0%	0.0%
25년(연속한 300개월) 수익률**	804	0	804	100.0%	0.0%

* 일 수익률은 1928년 1월 1일부터 계산했으며 가격 상승만을 측정함. 나머지는 모두 1926년 1월 31일부터 계산했으며 투자총수익 기준임.
** 월 단위로 측정함.

(출처: 피셔 인베스트먼트)

다 저조한 이유이기도 하다.

  장기적인 성공을 위해서는 단기적인 변동성을 기회로 바꾸는 태도가 필요하다. 첫째, 시장 하락을 매수 기회로 활용해야 한다. 주가는 단기적으로 흔들리지만 장기적으로는 실적과 함께 상승해 왔다. 하락장은 좋은 자산을 더 싸게 살 수 있는 기회가 된다. 둘째, 정기적이고 꾸준한 적립식 매수를 실천한다. 적립식 투자는 하락장에서 더 많은 주식을 매입하게 되어 평균 단가를 낮추고 결과적으로 복리 효과가 극대화된다. 반대로 공포에 흔들려 매도하면 복리의 구조가 깨져 장기 성과를 기대할 수 없다.

  미국 S&P 500의 장기 성과는 이를 분명히 보여준다. 위의 표에서 보듯이 보유 기간이 1개월일 경우 손실을 볼 확률이 37%에 달하지만 보유 기간이 10년으로 늘어나면 손실 확률은 6%로 급감했다. 20년 이상 투자하면 100% 확률로 플러스 수익을 기록했다. 특히 적립식으로 꾸준히 매수했을 경우 주가 하락 시 더 많은 주식을 확보할 수 있어 장기 수익률은 오히려 더 높아졌다.

결국 변동성은 주식시장이 가진 불가피한 속성이지만 시간을 내 편으로 삼는 투자자에게는 더 큰 기회가 된다. 앞으로 20년, 30년 동안에도 수많은 위기와 경기 침체가 반복되겠지만 시장은 언제나 회복해 왔다. 변동성을 두려움이 아닌 기회로 받아들일 때 비로소 장기 복리의 힘을 온전히 누릴 수 있다.

이처럼 미국 S&P 500 지수에 장기 투자했을 때 항상 플러스 수익을 기록했다는 사실은 전통적인 리스크 - 리턴 관계에 새로운 통찰을 준다. 일반적으로는 높은 수익을 내기 위해서는 높은 위험을 감수해야 한다고 말한다. 그러나 S&P 500 ETF의 경우 단기 변동성은 오히려 매수 기회로 작용했고 장기적으로는 위험이 거의 없는 복리의 고수익을 실현했다. 따라서 미국 S&P 500 지수에 대한 장기 투자는 결국 '고수익 - 저위험' 전략이 되는 것이다. 다만 투자자가 감내해야 할 것이 하나 있다. 바로 반복되는 단기적 변동성을 참고 견뎌내는 인내다.

🔑 **투자 인사이트**

경제의 미래와 시스템에 장기 투자하는 복리 투자법

- 주식은 단기 시세차익을 추구하는 대상이 아니라 기업과 경제의 성장에 동참하며 복리 효과를 누리는 장기 저축 수단이다.

- 주식 투자 유형
    - 개별주식 투자는 경영의 파트너가 되어 회사를 공동 경영하는 것이므로 단기 차익 목적의 트레이딩과 구별된다.
    - 주가지수 ETF는 한 나라 경제의 미래와 시스템에 투자하는 것으로 변동성과 감정을 넘어서기 어려운 개인투자자에게 가장 현실적이고 효과적인 투자 방식이다.
    * 시스템: 주주 중시 경영, 기업 거버넌스, 주주 환원 등

- 주식시장의 변동성 극복법
    - 주식시장은 장기적으로 상승한다. 따라서 단기적 하락을 매수 기회로 활용한다.
    - 정기적으로 꾸준히 적립식으로 투자한다.

- 지난 100년 이상의 자본주의 역사에서 수익률의 안정성과 수익성이 검증된 복리 투자 자산은 미국의 대형주를 대표하는 S&P 500 지수가 유일하다.

3
현대 경제 체제와 주식 투자의 기본을 알자

21세기 경제는 국경보다 자본이 우선한다. 기업은 전 세계를 무대로 제품을 팔고 투자자는 어디서든 수익을 낼 자산을 찾는다. 나는 IMF 외환위기 전후 런던에서 유럽 주식 펀드매니저로 일하며 모든 자산과 통화의 중심이 미국 달러와 연준의 금리 정책임을 몸소 실감했다. 이후 글로벌 연기금과 자산운용사를 만나면서 그들이 '국가'가 아닌 '자본의 언어'로 세상을 해석하고 세계 어디서든 투자 대상을 찾는 공통된 기준과 전략을 갖고 있다는 것을 알게 되었다.

한국인은 누구보다 성실하게 일해 왔다. 그러나 글로벌 자본의 움직임과 부의 축적 원리를 배울 기회는 충분하지 않았다. 최근 미국 주식에 직접 투자하는 사람이 늘고 있지만 준비 없이 단편적 정보에 의존해 무리한 매매를 반복하다가 큰 손실을 보는 경우가 적지 않다.

한국 경제가 수출로 성장했듯이 개인도 이제는 세계 경제를 이끄는 기업에 투자해 성과를 나누는 글로벌 자본가가 되어야 한다. 그러기 위해서는 단순한 종목 선택을 넘어 현대의 경제 구조와 자본의 흐름을 읽는 안목이 필수다.

주식회사 제도와 자본주의 체제를 제대로 이해하자

주식은 기업 자본의 기본 단위이자 증권시장에서 자유롭게 거래되는 대표적 투자 자산이다. 주식 투자는 단순히 증권을 사고파는 트레이딩이 아니라 기업의 주인이자 경영 동반자가 되어 성과를 지분만큼 공유하는 행위다. 따라서 주식회사 제도와 자본주의 체제에 대한 이해가 필요하다.

주식회사는 1602년 네덜란드 동인도회사의 설립과 함께 시작되었다. 주주의 유한책임 원칙은 대규모 자본 조달을 가능하게 했고 이윤 추구와 재투자를 통한 성장은 세계 경제 발전의 토대가 되었다. 물론 불평등 심화와 금융위기 같은 부작용도 있었지만, 민주주의와 결합한 자본주의 시장경제는 인류에게 번영과 혁신을 안겨주었다.

독일의 사회학자 막스 베버Max Weber는 자본주의의 윤리적 기반으로 '프로테스탄트의 청지기 정신stewardship'을 강조했다. 성실한 노동, 절제된 생활, 책임 있는 자본 운용이라는 원칙은 오늘날에도 이어지고 있다. 이는 곧 '경영자가 주주의 자본을 위탁받은 청지기처럼 성실하게 운영해야 한다.'라는 주주 중심 경영 철학으로 발전했다.

이제 투자자는 국내를 넘어 글로벌 자본의 흐름을 읽어야 한다. 1980년대 이후 월스트리트는 금융 자본주의 시대를 열었다. 그리고 IT 혁신은 자본시장을 실시간으로 연결했다. 2000년대 이후 중국이 세계 경제에 편입되며 점차 첨단산업에서도 미국과 경쟁하고 있지만 미국은 여전히 글로벌 시장의 중심이다. 국내총생산GDP 비중은 25% 내외지만 미국 증시는 세계 시가총액의 절반 이상을 차지한다. 기술혁신, 기업 경쟁력, 주주 중심 경영에서 압도적 우위를 유지하는 미국 증시는 글로벌 투자자가 중심에 둘 수밖에 없는 시장이다.

현대 자본주의는 기술혁신, 금융자본, 패권 경쟁이라는 복합적 요소가 맞물려 움직이는 거대한 구조다. 투자자로서 이 구조를 파악하려면 특히 주목해야 할 세 가지 핵심축이 있다. 첫째, 글로벌화된 시장 경제 체제다. 세계 질서의 변화와 글로벌 자금 흐름에 주목해야 한다. 오늘날 세계 경제는 코로나 팬데믹과 러시아-우크라이나 전쟁을 거치며 지난 반세기 동안 유지된 자유무역 기반의 질서에 균열이 생겼다. 그 중심에는 미국과 중국의 패권 경쟁이 있다.

미국은 트럼프 정부 이후 중국의 부상을 견제하며 보호무역주의로 급격히 선회했고 관세 전쟁과 수출 통제가 이어졌다. 갈등은 무역을 넘어 인공지능, 반도체, 바이오, 에너지 등 전략 산업의 주도권 경쟁으로 확산되고 있다. 이제 글로벌 경제는 '시장'보다 '국익'

과 '권력' 중심으로 재편되고 있다.

이러한 변화는 한국 투자자에게 위험이자 동시에 기회다. 한국은 세계 7대 수출국으로 미국과 중국 수출 비중이 50%를 넘는다. 시가총액 상위 기업 대부분이 수출 중심의 경기 민감 대형주이기 때문에 미국과 중국의 경제 정책, 산업 전략, 지정학적 긴장은 곧바로 한국증시와 기업 실적에 영향을 미친다. 그러나 역설적으로 미-중 패권 경쟁 속에서 한국은 제조업 경쟁력을 바탕으로 새로운 기회를 잡을 수도 있다. 예를 들어 반도체, 조선, 방산, 원전 산업은 한국이 글로벌 경쟁력을 갖춘 분야로 미국의 공급망 재편 전략과 중국 견제 정책의 수혜 가능성이 크다.

또한 한국증시에서 외국인 자본의 흐름을 이해하는 것도 필수다. 외국인 투자자 비중은 30~40% 수준에 이르며 크게 세 부류로 나뉜다. 먼저 국부펀드와 연기금 같은 공공기금과 블랙록 같은 ETF 운용사는 대규모 자금을 바탕으로 장기적인 패시브 전략*을 선호한다. 그다음으로 피델리티나 캐피털그룹 같은 글로벌 운용사 역시 비교적 큰 자금으로 대형 우량주에 투자하며 공공기금과 ETF 운용사와 함께 코스피 지수의 방향성과 유동성에 막대한 영향을 미친다. 마지막으로 헤지펀드와 사모펀드 같은 스마트 머니는 단기 차익을 노리며 초단기 매매, 이벤트 기반 투자, 행동주의 전략 등을 통해 기민하게 움직인다.

---

* 시장을 예측하기보다 그 흐름을 그대로 따르는 지수 추종형 투자 방식

내가 만난 투자자 중 가장 민첩하게 한국 시장을 활용하는 집단은 홍콩과 싱가포르에 기반한 헤지펀드였다. 이들 기관에서 한국 시장을 담당하는 매니저는 대개 국내에서 실력을 인정받아 스카우트된 한국인 트레이더 출신 전문가들이다. 자금은 중국계 화교와 유럽계 자본이 주축을 이루며 파생상품, 공매도, 현·선물 차익거래를 통해 한국과 동일한 시간대에서 공격적으로 운용된다. 또한 글로벌 증권사의 리서치와 연계해 롱숏 전략을 취하는 것으로 종종 의심을 받기도 한다.

한국 증권시장은 유동성이 풍부하고 파생상품 거래가 활발하며 외국인 자본의 유출입에 대한 규제가 거의 없는 개방형 구조다. 또한 개인투자자 비중이 높고 시장 변동성도 크기 때문에 글로벌 전문 투자자들에게는 매력적인 수익 무대지만 국내 개인에게는 리스크가 큰 시장이 될 수밖에 없다. 한국의 투자자는 국내 기업에 투자하더라도 글로벌 자금의 흐름, 지정학적 갈등, 주요국의 정책, 산업 구조의 변화를 읽는 안목을 함께 가져야 한다.

둘째, 미국 달러화와 연준의 통화정책이다. 달러 환율과 연준의 금리 결정은 증시의 방향을 바꿀 수 있다. 글로벌 자산시장을 이해하는 두 축은 미국 달러화와 연준의 금리 정책이다. 우선 달러는 세계에서 가장 널리 쓰이는 기축통화다. 전 세계 외환 보유액의 약 60%, 국제 금융거래의 90%가 달러 기반이다. 이는 글로벌 자본 대부분이 달러를 중심으로 움직인다는 의미다. 달러는 24시간 가장 매력적인 투자처를 찾아 전 세계를 이동한다.

한국 투자자에게 특히 중요한 것은 환율과 외국인 자금의 흐름이다. 일반적으로 달러 약세(원화 강세) 시기에는 외국인 자금이 유입된다. 이는 수출 대기업 주가를 끌어올린다. 또한 환차익까지 기대할 수 있다. 한편 환율은 한국 경제의 체력과 외국인 투자자의 심리를 보여주는 단순하지만 강력한 지표다. 위기 상황에서는 무엇보다 먼저 환율을 점검해야 한다.

글로벌 투자자들이 가장 주의 깊게 보는 경제 지표는 연준의 금리다. 연준의 금리 결정은 달러의 강약세와 전 세계 유동성 흐름에 직결된다. 일반적으로 연준이 금리를 올리면 달러 강세와 함께 신흥국에서 자금이 빠져나가고 금리를 내리면 주식, 부동산, 신흥시장 같은 위험자산으로 자금이 유입된다.

그러나 금리 인하보다 훨씬 강력한 수단은 양적완화$_{QE}$다. 2008년 글로벌 금융위기와 2020년 코로나 팬데믹 당시 연준은 단순히 금리 인하를 넘어 막대한 유동성을 공급하는 양적완화를 단행했다. 그 결과 전 세계 증시는 급등했고 자산 가격은 빠르게 회복되었다. 이는 양적완화가 자산 가격에 미치는 영향이 얼마나 강력한지를 보여주는 대표적 사례다. 앞으로도 경기 침체나 금융위기 국면에서 연준이 양적완화를 실시한다면 자산 가격은 빠르게 회복될 가능성이 크다. 투자자는 그 순간을 기회로 활용할 준비된 자세를 가져야 한다.

장기적으로 보면 미국 금리는 1980년대 초 18%에서 2020년대 초 1% 이하로 내려오며 자산 가격 상승의 기폭제가 되었다. 그러

미국 금리 추이

나 앞으로는 고령화, 낮은 저축률, 재정 확대, 인플레이션 압력 등 구조적 요인으로 인해 3~5% 수준의 중금리 시대가 이어질 가능성이 크다.

투자자에게 중요한 것은 금리를 맞히는 능력이 아니라 금리 변화의 파급효과를 읽어내는 능력이다. 전설적인 펀드 매니저 피터 린치Peter Lynch가 "연준 의장도 금리를 예측할 수 없다."라고 말했듯이 투자자는 금리와 환율의 방향을 예측하기보다 그 변화가 주식, 채권, 외환시장, 그리고 외국인 자금 흐름에 어떤 영향을 미칠지를 이해해야 한다. 유동성의 증감이 곧 투자 기회이며 이를 읽고 활용하는 능력이 장기 성과를 좌우한다.

셋째, 주식회사와 주주 중시 경영이다. 기업가치는 결국 주주 중시 경영과 직결된다. 오늘날 자본주의 경제 성장을 이끈 핵심 제도는 단연 주식회사다. 노벨경제학상 수상자인 예일대학교 로버트 실러Robert Shiller 교수는 "주식회사는 인류가 만든 가장 위대한 경제 제도"라고 평가했다. 주식회사(기업)는 부가가치를 창출하는 유일한 경제 주체로서 기업가정신과 혁신을 통해 새로운 제품과 서비스를 만들고 시장을 개척하며 고용을 창출한다. 이를 위해서는 사적 이윤이 보장되고 가격이 수요와 공급에 따라 결정되고 창의성과 기술력이 법적으로 보호되는 기반이 갖추어져야 한다.

미국에서 주식회사와 자본시장이 특히 발달한 이유는 청지기 정신을 내면화한 경영자, 독립적인 이사회, 강력한 기관투자자의 감시 기능 덕분이다. 이러한 구조 속에서 기업의 성과가 주주에게 환원되고 이는 주가 상승으로 이어지는 선순환이 정착될 수 있었다. 반면 한국은 자본주의와 주식회사 제도의 역사가 짧다. 기업 지배구조도 미흡하며 소액주주 보호와 주주 환원율이 세계 최하위 수준이다. 한국증시가 저평가Korea Discount를 해소하고 장기 투자시장으로 발전하려면 투명한 지배구조와 실질적인 주주 중심 경영이 자리 잡아야 한다.

자산 형성을 위해 장기간 자산을 맡길 나라를 선택할 때는 경제 구조, 기업 경쟁력, 주주 중심 경영, 정부 정책에 대한 신뢰가 필요하다. 지금까지의 분석을 종합해 보면 미국의 대형주로 구성된 S&P 500 지수가 지속적인 기술혁신, 주주 친화적 경영, 투명한 거버넌스, 성숙한 자본시장 제도를 기반으로 장기 투자자에게 안정성과 수익성을 동시에 제공하는 가장 적합한 투자처임을 확인할 수 있다.

참고로 S&P 500 지수는 스탠더드앤드푸어스Standard & Poor's에서 산출하는 미국을 대표하는 500대 기업으로 구성된 시가총액 방

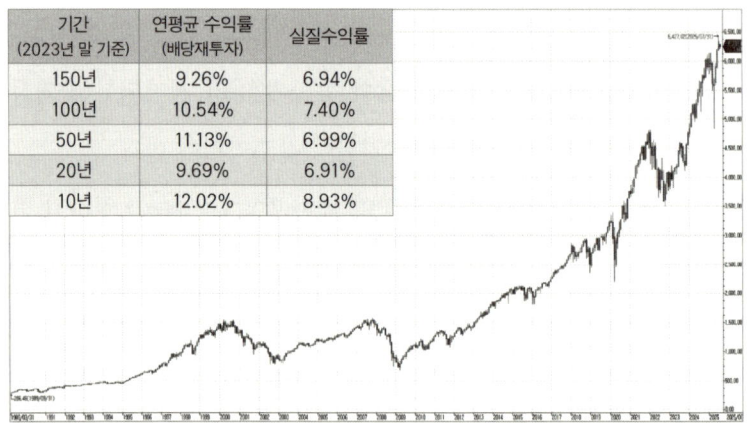

식의 지수다. 그래프에서 보듯 지난 100여 년 동안 연평균 8% 이상의 수익률을 기록했으며 배당을 포함하면 10%를 초과한다. 지수 구성 종목은 주기적으로 교체되어 '언제나 미국 최고의 주식들에만 투자한다.'는 원칙을 지켜나가고 있다. 실제로 자료에 따르면 10년마다 약 35%의 기업이 교체되며 미국 경제를 대표하는 우량 기업들로 꾸준히 리밸런싱되어 왔다.

달러 패권에 맞서는 새로운 금융질서가 태동하고 있다

미국은 제2차 세계대전 이후 달러화를 기축통화로 하는 국제 금융질서를 주도해 왔다. 달러 패권은 단순한 경제 규모만이 아니라 군사력, 정치적 영향력, 그리고 미국 금융시스템의 투명성과 안정성이 뒷받침되었기 때문에 가능했다.

하지만 2008년 글로벌 금융위기를 기점으로 달러 체제에 균열의 조짐이 나타나기 시작했다. 연준은 금융위기 대응을 위해 사상 초유의 양적완화를 시행했다. 그 결과 시장에는 막대한 양의 달러 유동성이 공급되었다. 그 후 코로나 팬데믹 기간에도 대규모 재정지출이 이어졌고 미국 국채 발행 규모는 천문학적으로 증가했다. 이에 따라 전 세계 투자자들은 "달러가 너무 흔해졌다."는 우려를 표하며 달러를 대신할 가치 저장 수단을 모색하기 시작했다.

그렇다면 금과 비트코인이 과연 달러화의 대안으로 가능할까? 금과 비트코인은 서로 다른 시대에 등장했다. 둘 다 정부나 중앙은행의 통화정책에 의존하지 않고 희소성scarcity을 기반으로 가치가 형성된다는 공통점을 지닌다. 그래서 인플레이션이나 화폐 가치 하락에 대한 방어 수단으로 주목받고 있다. 그러나 두 자산의 성격은 다르다. 금은 실물자산으로 수천 년 동안 인류가 신뢰해 온 전통적 가치 저장 수단이다. 반면 비트코인은 발행량이 2,100만 개로 제한된 디지털 자산으로 가격 변동성이 크지만 ETF와 401(k)와 같은 연금 계좌에서 투자가 가능해지면서 새로운 대체자산으로 부각되고 있다. 이에 따라 일부 투자자들은 포트폴리오 내에서 금을 안정적 자산, 비트코인을 고위험·고수익 자산으로 함께 편입해서 위험 분산과 수익 기회를 동시에 추구하는 전략을 취하고 있다.

또한 지정학적 갈등도 금과 비트코인의 재평가를 자극하고 있다. 중국과 러시아는 달러 의존도를 줄이고자 금 보유를 확대하며 금융 제재에 대응할 대안 자산 체계를 강화하고 있다. 이는 곧 미국 금융 패권에 대한 도전이자 새로운 국제 통화 질서를 모색하는 전략적 시도라고 할 수 있다.

　스테이블코인과 달러 패권 유지 전략도 유심히 지켜봐야 한다. 미국은 비트코인을 전략적 자산으로 활용하는 동시에 금융 패권을 유지하기 위한 새로운 수단으로 스테이블코인을 적극적으로 도입하고 있다. 스테이블코인은 달러와 같은 법정화폐에 가치를 일대일로 연동한 디지털 자산으로서 블록체인의 장점과 가격 안정성을 결합한 새로운 결제 및 송금 수단이다. 그러나 실제 주된 기능은 암호화폐 시장에서 거래와 정산의 기본 통화, 곧 '디지털 자산 시장의 달러' 역할을 하고 있다. 2025년 미국 정부는 지니어스 법안Genius Act을 제정하여 스테이블코인의 준비금을 100% 미국 국채나 현금성 자산으로 보유하도록 의무화했다. 이는 스테이블코인의 확산을 곧 미국 국채 수요 확대로 연결시키는 장치다. 미국은 이를 통해 디지털 시대에도 달러 중심의 금융질서를 유지할 수 있는 기반을 구축하고 있다.

　오늘날 세계는 '달러 중심의 단극 체제'에서 '디지털 자산과 다극화된 금융질서'로 전환되는 과정을 목격하고 있다. 이는 단순한 자산 가격의 문제가 아니다. 지정학, 기술, 통화 주권, 투자 전략이 복합적으로 얽힌 거대한 구조적 변화다.

　투자자는 달러, 금, 비트코인, 스테이블코인이 만들어내는 새로운 금융질서를 이해하고 달러 자산을 중심에 두면서 금과 비트코인을 장기 자산 배분 전략에 어떻게 활용할지를 고민해야 한다.

주요국 가계 자산 구성 비교 (2021)

(단위: %)

	한국	미국	일본(2020)	영국	호주
비금융자산	64.4	28.5	37.0	46.2	61.2
금융자산	35.6	71.5	63.0	53.8	38.8

중산층 부동산 75% 증가

가계 금융자산에서 주식 비중 45%(2025)

(출처: 금융투자협회, 2022 주요국 가계 금융자산 비교)

국내 시장에만 머물지 말고 글로벌에 투자해야 한다

현대 자본주의 체제에서 투자자는 더 이상 국내 시장에만 머물러서는 안 된다. 시야를 전 세계로 확장하고 글로벌 자금의 흐름과 미국 연준의 통화정책을 주시하며 대응하는 역량이 점점 더 중요해지고 있다.

과거에는 성실히 일하고 저축하면 노후가 보장될 수 있다고 믿었다. 그러나 인플레이션과 기대수명의 증가로 저축만으로는 안정된 미래를 준비할 수 없는 시대가 되었다. 현금은 시간이 지날수록 가치가 줄어들고 노동 소득만으로는 불확실한 미래를 감당하기 어렵다. 이제 단순히 임금 소득에 의존하는 근로자가 아니라 기업의 주주가 되어 배당과 자본이득을 통해 자본시장의 성과를 공유하는 '자본가'로서의 위치를 확보해야 한다.

하지만 이러한 자본가로서의 위치를 확보하려면 한국 기업과 한국 시장만으로는 충분하지 않다. 오늘날 경제는 글로벌로 연결되어 있다. 자본가로서의 기회는 세계 최고의 기업과 자본시장에서 찾는 것이 필수다. 예컨대 한국의 IT 기업에 다니는 직장인이라도

근로소득은 국내에서 얻지만 퇴직연금과 여유 자금을 애플, 엔비디아, 구글이 포함된 미국 S&P 500 지수에 투자한다면 '글로벌 자본가'로서 더 크고 안정된 자본소득을 확보할 수 있다.

미국이 세계에서 가장 높은 물질적 자유를 누리는 배경에는 주식회사와 자본시장의 발달이 있다. 창업이나 주식 투자를 통해 부를 축적하는 방식이 보편화되었고 직장인들도 퇴직연금 401(k)를 통해 꾸준히 주식에 투자하며 미래를 준비한다. 그 결과 미국 가계 금융자산의 약 절반이 주식으로 구성되어 있다. 미국 정부와 연준은 주식시장의 호황이 소비와 경기에 직결되고 나아가 선거에도 영향을 미치기 때문에 주식시장의 안정을 정책의 최우선 과제로 삼는다.

한국은 가계 자산의 60% 이상이 부동산에 집중되어 있다. 지난 수십 년간 부동산이 한국 가계의 대표적인 부 축적 수단이었다. 반면 자본시장은 충분히 성장하지 못해 여전히 취약한 구조를 벗어나지 못하고 있다. 정부는 생산적인 주식시장을 육성하려 하지만 중산층 자산의 약 75%가 부동산에 편중되어 있고 금융기관의 대출 의존도 또한 높다. 그러다 보니 부동산은 언제나 정부 정책의 최우선 과제로 다루어지며 한국 사회에서 가장 민감한 현안으로 자리 잡고 있다.

그러나 주식은 자본주의 경제에서 장기적으로 가치가 증가하는 거의 유일한 자산이다. 기술과 자본이 중심이 되는 미래 사회에서는 주식 투자가 개인 간 자산 격차의 주요 요인이 될 가능성이 크다. 미국 증시는 지난 수십 년간 연평균 8~10% 수익률을 기록해 왔으며 증시 안정에 대한 미국 정부의 정책적 의지도 확고하다. 한국의 개인투자자는 세계 자본시장의 2%에 불과한 국내 시장에 머무르기보다 세계 최고 기업들로 구성된 S&P 500 ETF에 장기적으로 투자함으로써 '글로벌 자본가'로 성장할 수 있다.

 **투자 인사이트**

글로벌 자본가의 시대

- 현대 경제 체제는 글로벌 시장 경제, 달러 중심 통화 체제, 주식회사 제도를 기반으로 성장해 왔다. 한편 최근 국제 금융 질서는 미국의 재정적자 확대, 달러의 과잉 공급, 미-중 대립의 격화 속에서 금과 비트코인 같은 대안 자산의 부상과 함께 새로운 통화 질서의 재편이 거론되고 있다.

- 이러한 변화 속에서 근로소득에만 의존하고 예금에 자산을 맡기며 국내 시장에 머무는 투자자로 남는다면 미래의 자산 형성에서 낙오자가 될 수밖에 없다. 이제는 세상 변화와 혁신 성장을 주도하는 글로벌 기업에 투자하여 자본소득으로 부를 쌓아가는 글로벌 자본가가 되어야 한다.

2장

주가를 움직이는 네 가지 힘의 크기를 파악하자

　투자 지식은 견고한 토대를 만든다. 지금까지 우리는 현대 자본주의 경제 체제에서 왜 주식 투자가 필요한지 그리고 복리가 어떻게 미래 자산을 만들어 가는지 살펴보았다. 이제 다음 단계는 투자의 기초가 되는 이론적 토대를 다지는 것이다.

　투자를 시작하는 많은 사람이 종목과 타이밍에만 집중한다. "무엇을 사야 할까?" "언제 팔아야 할까?"가 가장 큰 관심사다. 하지만 진짜 투자자라면 더 근본적인 물음에서 시작해야 한다. "주가는 무엇에 의해 움직이는가?" "기업의 가치는 어떻게 평가할 수 있는가?" "장기적으로 자산을 지키려면 어떤 분산투자가 필요한가?" 등이다. 이러한 질문에 답하기 위해서는 단단한 기초가 필요하다. 투자라는 집을 짓는다면 이론은 그 기초이자 토대다. 기초가 튼튼해야 시장의 변동에도 흔들리지 않는다.

이 장에서는 세 가지 주제를 다룬다. 먼저 기업의 이익, 금리, 유동성, 투자자 심리 등 주가를 움직이는 네 가지 힘을 분석한다. 이어서 보통주의 가치를 평가하는 방법을 살펴본다. 주가수익비율 PER, 주가순자산비율 PBR, 자기자본이익률 ROE과 같은 지표를 통해 기업의 가치를 판단하는 기본 틀을 배운다. 마지막으로 포트폴리오와 분산투자의 원칙을 다루면서 장기적으로 자산을 지키고 성장시키는 원리를 설명한다.

투자 이론은 단순한 지식 습득을 넘어 시장의 소음에 흔들리지 않고 스스로의 원칙을 지켜낼 수 있도록 돕는 든든한 버팀목이 될 것이다.

1
주가의 변동성은 유동성과 심리가 만든다

주식시장은 숫자와 감정이 교차하는 거대한 심리의 장이다. 주가는 아무리 기업 실적이 탄탄해도 시장에 돈이 돌지 않으면 좀처럼 오르지 않는다. 반대로 실적이 다소 부진하더라도 풍부한 유동성과 낙관적인 투자심리가 맞물리면 급등한다. 그래서 주가는 단순히 '기업의 실적'이라는 한 가지 요인만으로 설명되지 않는다. 이익, 금리, 유동성, 심리라는 네 가지 힘이 복합적으로 작용한다. 그리고 그 균형이 깨질 때 시장은 크게 출렁인다. 특히 유동성과 심리는 시장의 단기 방향을 좌우하는 핵심 변수다. 돈이 돌면 시장은 살아나고 심리가 얼어붙으면 실적이 좋아도 주가는 하락한다. 때로는 금리나 실적보다도 빠르고 강하게 시장을 움직이는 것이 바로 이 두 가지 힘이다. 따라서 투자자는 숫자와 데이터 뒤에 숨은 심리의 흐름 그리고 유동성의 변화가 만들어내는 파도를 읽을 줄 알아야 한다.

주가를 결정하는 네 가지 힘은 이익, 금리, 유동성, 심리다

"주가는 바다 위를 항해하는 배와 같다."

배 자체는 기업의 실적이다. 그러나 그 배를 밀고 당기는 파도는 금리, 유동성, 심리 같은 시장의 힘이다. 배는 결국 목표한 항구에 도달한다. 그러나 항해 중에는 잔잔한 물결만 있는 것이 아니라 예상치 못한 풍랑도 만나게 된다. 주가에는 이처럼 기업의 실적뿐만 아니라 금리, 유동성, 그리고 시장 참여자의 심리까지 복합적인 요소들이 녹아 있다. 이러한 복합적인 요소들은 주가를 결정하는 핵심 요소다.

주가를 움직이는 핵심 요소 4가지

주가 = f(주당순이익, 금리, 유동성, 투자심리)

주가를 결정하는 네 가지 핵심 요소가 있다. 주당순이익EPS, 금리, 유동성, 투자심리다. 이 네 가지 핵심 요소가 어떻게 주가를 결정하는지 살펴보자.

첫째, 주당순이익EPS이다. 주가는 결국 기업이 벌어들이는 이익의 그림자이다. 그중에서도 가장 핵심적인 지표가 바로 주당순이익이다. 주당순이익EPS은 기업이 한 해 동안 벌어들인 순이익을 발행 주식 수로 나눈 값으로 한 주당 얼마의 이익을 창출하는지를 보여주는 지표다. 주당순이익EPS이 꾸준히 증가하는 기업은 시장에서 긍정적인 평가를 받을 가능성이 크며 장기적으로 주가 상승의 중요한 기반이 된다. 그러나 단순히 주당순이익EPS 숫자만으로 기업의 가치를 평가하기는 어렵다. 이익의 '양'뿐 아니라 '질'도 함께 고려되어야 하기 때문이다.

좋은 주당순이익EPS의 조건은 '질 좋은 이익'을 뜻한다. 그렇다면 '질 좋은 이익'이란 무엇인가? 우선 본업의 경쟁력을 기반으로 한 이익(영업이익)인지 봐야 한다. 일회성 이익이나 회계적 착시가 아니라 영업이익의 증가와 영업이익률의 개선이 함께 나타나는지 살펴야 한다. 이는 기업이 경쟁력을 확보하며 내실 있는 성장을 이어가고 있다는 신호다. 또한 이익의 질이 높다는 것을 의미한다.

그다음으로 지속가능한 경쟁우위(경제적 해자)에서 비롯된 이익인지 검토할 필요가 있다. 고객 충성도, 브랜드 파워, 기술력 등으로 경쟁우위를 가진 기업은 꾸준히 이익을 창출할 가능성이 크다. 이를 '경제적 해자economic moat'라고 부르며 기업의 장기 수익성을 뒷받침하는 핵심 요소다. 또한 이익의 안정성과 예측 가능성은 충분한지도 봐야 한다. 경기 변동에 민감한 업종보다 구조적 성장이 기대되는 산업이나 필수 소비재 기업은 이익의 예측 가능성과 안정성이 더 높다. 또한 기업 간 거래B2B보다 소비자 대상B2C 기업이 일반적으로 수요의 변동성이 작고 보다 안정적인 이익 구조를 갖는다.

마지막으로 신제품과 신규 시장에서의 이익인지도 따질 필요가 있다. 기존 사업이 아니라 새로운 영역에서의 이익 창출은 기업의 성장 가능성을 보여준다. 이는 단기 이익보다 훨씬 더 중요한 장기 투자 포인트가 될 수 있다.

자사주 매입은 주당순이익을 높이는 중요한 수단이다. 주당순이익EPS은 순이익뿐 아니라 발행 주식 수에 따라 결정된다. 따라서 기업이 자사주를 매입하여 소각하면 유통 주식 수가 줄어들고 주당순이익은 상승한다. 실제로 S&P 500 기업들은 매년 대규모 자사주 매입을 통해 주식 수를 줄여왔고 주가 상승의 중요한 요인으로 작용했다. 예컨대 애플은 지난 5년간 매년 100조 원 이상의 자사주 매입을 지속해 왔는데 주당순이익EPS 상승과 주가 안정에 긍정적인 영향을 주었다. 한편 안정적이고 점진적으로 증가하는 배당 정책 역시 경영진의 주주 환원 철학을 반영하며 기업 신뢰도를 높이는 요소다.

주당순이익EPS은 기업의 질적 성장과 주주에 대한 태도까지 반영하는 중요한 지표다. 투자자는 '얼마를 벌었는가?'보다는 '어떻게 벌었고 그 이익이 얼마나 지속가능한지 그리고 이익을 주주에게 어느 정도 환원해 주는가?'를 중심으로 판단해야 한다. 이것이 진정한 가치평가의 출발점이다.

둘째, 금리(할인율)이다. 이는 화폐의 시간 가치를 반영하는 힘이다. 기업의 가치는 본질적으로 미래에 벌어들일 이익의 현재가치다. 이때 금리는 미래 이익을 현재가치로 환산하는 할인율로 작용한다. 금리가 내려가면 기업의 현재가치는 상승하고 금리가 오르면 기업의 가치는 하락한다. 예를 들어 1년 후 이익이 1,000만 원이라고 할 때 금리가 10%라면 현재가치는 약 909만 원이지만 금리가 20%라면 약 833만 원에 불과하다.

금리 변화로 인한 주가 반응은 공식처럼 단순하지 않다. 금리가 하락하면 할인율이 낮아져 주식의 현재가치가 상승할 뿐만 아니라 채권의 기대수익률이 낮아지면서 주식의 상대적 매력도가 증가한다. 이로 인해 투자자들은 더 많은 위험을 감수하며 자금을 주식시장으로 이동시키는 경향이 있다. 그러나 주가는 단순히 금리만으로 움직이지 않는다. 금리는 주가 결정에서 하나의 요소일 뿐이다. 금리의 상승과 하락이 곧바로 주가의 하락과 상승으로 이어지지는 않는다. 중요한 것은 금리를 변경하는 정책의 배경과 시장의 해석이다.

예를 들어 경기 호황기에 인플레이션 우려로 금리를 인상한다면 과도하지 않은 범위에서는 기업의 이익 증가가 지속되리라는 기대로 주가는 상승하는 경향이 있다. 반면 지난 2023년처럼 인플레이션이 급격히 진행되어 금리를 빠르게 인상할 경우는 주가가 하락하기 쉽다. 금리 인하도 마찬가지다. 인플레이션 안정에 따른 금리 인하는 시장에 긍정적으로 작용한다. 하지만 경기 침체 우려 속에서 이루어진 금리 인하는 오히려 주가를 끌어내릴 수 있다.

금리는 주식의 성격과 재무구조에 따라 다르게 작용한다. 성장주는 미래에 발생할 현금흐름이 중요한 만큼 금리 변화에 민감하게 반응한다. 예컨대 바이오 기업처럼 수익 실현 시점이 먼 기업들은 금리 상승기에 할인율 상승으로 주가가 크게 흔들릴 수 있다. 반면 가치주는 이익이 안정적인 경우가 많아 상대적으로 금리 변화에 덜 민감하다.

부채 비율이 높은 기업은 금리 상승기에 이자 부담이 증가하여 재무 건전성이 나빠질 수 있지만 하락기는 이자 비용 감소로 손익이 개선될 수 있다. 그러나 금리 변화가 기업 전체 손익에 미치는 효과는 단순히 이자 비용만으로 설명할 수 없으며 훨씬 복잡한 분석이 필요하다. 이자 비용 효과만을 근거로 투자 결정을 내리는 것은 현실을 지나치게 단순화한 접근으로 투자 실패로 이어질 수 있다.

그럼에도 금리는 주가를 움직이는 가장 강력한 변수다. 금리는 기업가치 평가의 핵심 변수이자 시장 전체의 방향성을 좌우하는 중심축이다. 특히 미국의 금리 정책은 전 세계 금융시장에 지대한 영향을 미친다. 금리 변화 초기에는 시장이 민감하게 반응한다. 그러나 금리가 주식시장과 개별 기업에 미치는 영향을 예측하는 일은 단순하지 않다. 금리의 절대 수준뿐만 아니라 변화의 배경, 경기 사이클, 금리 정책에 대한 시장의 기대 등 복합적 요소를 함께 고려해야 한다. 또한 성장주, 재무구조가 취약한 기업, 높은 밸류에이션 종목은 금리 상승기에 주가가 더욱 민감하게 반응할 수 있으므로 주의가 필요하다.

셋째, 유동성, 즉 시장에 돈이 돌 때 주가도 움직인다. 유동성이

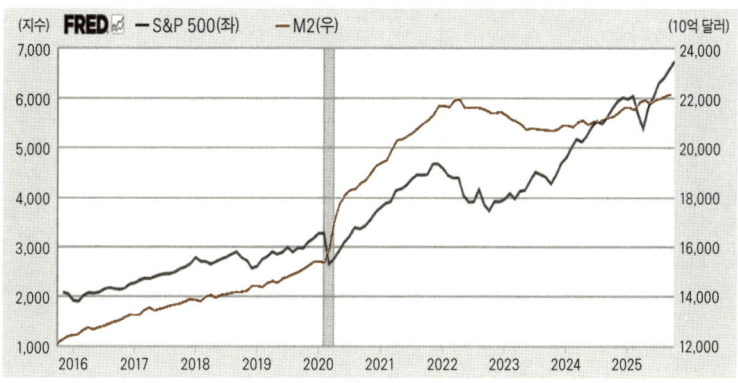
유동성 증가(M2)와 주가 상승(S&P 500) 추이

란 시장에 얼마나 많은 자금이 풀려 있는지를 나타내는 지표다. 금리와 함께 주가를 움직이는 가장 중요한 변수다. 특히 단기적인 시장의 방향성과 속도를 결정짓는 핵심적인 힘이다.

유동성은 주식시장에서 자동차의 휘발유와 같다. 휘발유 없이 자동차가 달릴 수 없듯이 자금이 돌지 않는 시장에서는 주가가 오르기 어렵다. 고객예탁금이 증가하고 증시로 자금이 유입되면 주가는 탄력을 받으며 상승하고 반대로 유동성이 마르면 시장은 빠르게 위축된다.

유동성을 결정짓는 가장 큰 주체는 중앙은행이다. 중앙은행은 기준금리 조정, 공개시장 조작, 지급준비율 변경, 양적완화 등을 통해 시중 자금의 양을 조절한다. 예컨대 미국의 M2 통화량은 1960년 이후 연평균 약 6.9% 증가했다. 이는 S&P 500의 연평균 상승률인 약 8%와 비슷한 흐름을 보여준다. 장기적으로 유동성의 증가가 주가 상승을 뒷받침해 왔음을 알 수 있다.

통화량이 증가하면 주식시장이 가장 먼저 민감하게 반응한다. 이후 시차를 두고 인플레이션이 발생하는 경향이 있다. 2008년 글로벌 금융위기와 2020년 코로나 팬데믹 시기에 미국 연준은 양적완화를 통해 막대한 유동성을 공급했다. 그 결과 실물경제가 회복되기 전부터 주식시장은 빠르게 반등했고 이후 S&P 500은 유동성 증가와 함께 상승세를 이어갔다.

그러나 유동성 확대의 효과가 모두에게 공평하지는 않다. 시중에 돈이 풀리면 가장 먼저 가격이 반응하는 곳은 자산시장이다. 주식이나 부동산을 보유한 자산가들이 먼저 혜택을 본다. 한국의 경우 유동성 확대는 주식보다 수도권 아파트 가격 상승을 더 크게 자극했다. 결국 유동성은 자산 가격 상승을 견인하는 동시에 부의 양극화를 심화시키는 양면성을 가진다.

한국증시에서 가장 중요한 유동성 공급자는 외국인 투자자다. 외국인은 전체 시가총액의 약 30~40%를 보유하고 있다. 국부펀드, 대형 자산운용사, 글로벌 패시브 펀드(ETF) 등은 코스피 대형주에 투자하며 시장 전체의 방향성을 좌우한다. 반면 싱가포르와 홍콩을 거점으로 한 중소형 헤지펀드나 일부 해외 운용사들은 파생상품, 공매도, 알고리즘 매매를 활용해 단기 변동성을 키우기도 한다.

국내 기관투자자는 국민연금을 제외하면 시장 영향력이 제한적이며 최근에는 액티브 ETF와 사모펀드 중심의 거래가 증가하고 있다. 개인투자자는 대체로 외국인 투자자와 반대 포지션으로 움직이고 단기 매매와 테마주 중심의 투자 성향으로 인해 손실을 경험하는 경우가 많다.

'동학개미 운동'의 교훈과 증시 유동성도 살펴보자. 2020년 코로나 팬데믹 시기에 한국에서는 '동학개미 운동'이라 불리는 개인투자자들의 대규모 증시 유입이 있었다. 이는 단순한 투자 열풍을 넘어 주식 투자에 애국심을 결합한 대중 참여 현상이었다. 하지만 금융 교육이 부족한 개인, 특히 젊은 투자자들에게는 위험한 결과를 낳았다. 실제로 이들 중 상당수는 외국인 매도 물량을 받아내며 적지 않은 손실을 경험했고 이후 미국 증시로 '투자 이민'을 떠나게 되었다. 냉정한 금융시장에서 애국심이나 국민 정서를 앞세운 투자가 얼마나 위험할 수 있는지를 보여주는 사례다.

해외로 떠난 투자자의 상당수는 젊은 세대다. 이들은 글로벌 경제를 이끄는 미국 대형주의 성장성과 주주 환원 문화를 높이 평가한다. 반면 한국증시는 여전히 높은 변동성, 짧은 테마 순환, 낮은 주주 친화성과 미흡한 정부 정책 등으로 인해 젊은 투자자들에게 매력적인 투자처로 인식되지 않는다. 한 번 떠난 젊은 세대의 자금은 쉽게 돌아오지 않으며 한국증시의 구조적 유동성 부족으로 이어질 수 있다.

결론적으로 유동성은 주식시장의 단기 흐름을 좌우하는 핵심 변수다. 중앙은행의 통화정책과 외국인 자금 유출입은 모두 시장 유동성을 가늠하는 중요한 지표다. 유동성이 늘어나면 주식시장은 빠르게 반응한다. 그러나 언제든 방향을 바꿀 수 있다는 점에서 일시적 유동성에 의존하는 투자는 위험하다. 투자자는 자금의 흐름을 이해하되 기업의 본질적인 가치와 실적에 기반한 투자 원칙을 지켜야 한다.

넷째, 투자심리, 즉 시장을 움직이는 보이지 않는 힘이다. 주식시장은 눈에 보이는 숫자만으로 움직이지 않는다. 실적, 금리, 유동성과 같은 객관적 지표 이면에는 사람들의 기대와 두려움과 같은 보이지 않는 심리가 자리 잡고 있다. 이 감정의 힘은 시장을 과열시키기도 하고 때로는 비이성적 공포로 무너뜨리기도 한다. 투자심리의 영향력은 실로 막강하다. 중요한 것은 시장이라는 거대한 감정 집단의 흐름을 이해하고 그 속에서 냉정한 판단을 내릴 수 있는 가이다.

우선 생각해 볼 것은 주가는 기대치를 반영하며 예상과 다를 때 움직인다는 점이다. 투자자들이 '좋은 기업이면 좋은 주식'이라고 믿지만 실제 주가는 실적 자체보다 그 실적에 대한 시장 기대와 해석 그리고 투자자 심리를 함께 반영한다. 실적 발표는 좋았는데 주가가 하락하는 경우가 있다. 이미 시장이 그 이상을 기대했기 때문이다. 주가는 절대적 수치가 아니라 기대치와의 차이에 따라 움직인다.

그다음으로 시장은 집단심리에 의해 움직인다. 주식시장은 수많은 개인과 기관의 판단이 모여 만들어지는 '군중심리의 장'이다. 이 집단심리는 종종 극단적으로 치우치며 시장의 과열이나 붕괴를 일으킨다. 역발상 투자의 대가인 존 템플턴 경 Sir John Templeton 은 투

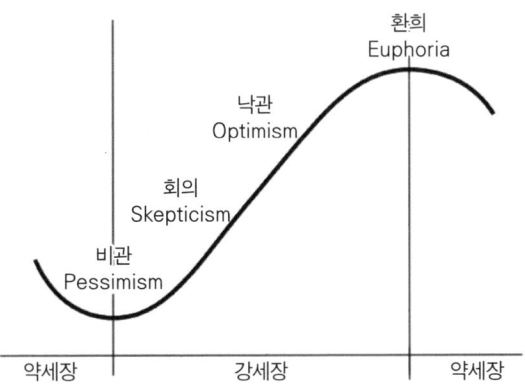

자자 심리에 의한 시장의 변동성에 주목하여 "강세장은 비관 속에서 태어나 회의 속에서 자라며 낙관 속에서 성숙해 행복 속에서 죽는다."라고 표현했다. 그는 시장은 인간의 감정에 의해서 순환하기 때문에 다른 사람이 비관적일 때 낙관적 자세를 유지하고 시장이 과열 현상을 보일 때 보수적인 자세를 취하는 역발상 전략을 강조했다.

또한 탐욕과 공포는 투자자의 판단을 왜곡시킨다. 주가가 오르면 더 오를 것 같고 떨어지면 끝없이 떨어질 것처럼 느껴지는 것이 인간의 심리다. 사람들은 주가가 오른 종목에 더 몰리고 급락한 주식은 피하려는 경향이 있다. 미국의 저명한 투자자이자 오크트리 캐피털 매니지먼트의 공동 창립자인 하워드 막스Howard Marks는 이러한 심리적 순환을 '시계추pendulum'에 비유한다. 주가는 본질가치를 중심으로 공포와 탐욕의 극단 사이를 오가며 움직인다. 그는 공포가 극대화된 국면에서 매수하고 탐욕이 극에 달했을 때 매도하

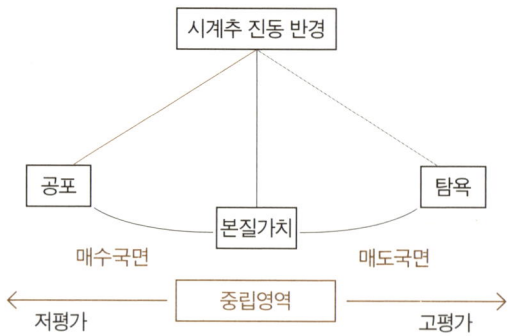

는 순환적 사고를 강조한다.

나는 2002년 대체투자팀장으로 근무하던 시절에 미국 로스앤젤레스에 있는 오크트리 캐피털 매니지먼트 본사에서 하워드 막스를 직접 만난 경험이 있다. 당시 닷컴버블 붕괴와 9·11 사태의 충격으로 자본시장에는 비관론이 가득했다. 하지만 그는 "지금이야말로 투자 적기"라고 강조했다. 실제로 그가 운용하는 펀드에 투자하여 불과 2년 만에 원금의 두 배가 넘는 수익을 낼 수 있었다.

한편 하워드 막스의 투자자 메모는 워런 버핏이 가장 먼저 챙겨 볼 정도로 유명하다. 나도 그의 글을 통해 시장과 투자에 대한 통찰을 얻고 있는데 오크트리 캐피털 공식 홈페이지*에서 누구나 열람할 수 있다.

투자심리는 시장을 흔드는 보이지 않는 힘이다. 탐욕과 두려움

---

* www.oaktreecapital.com

그리고 기대와 실망이 교차하는 흐름 속에서 시장은 때로 비이성적으로 과도하게 반응한다. 이러한 감정의 물결을 이해하고 감정의 과잉 속에서도 투자 원칙을 지키고 절제한 사람만이 기회를 잡을 수 있다. 워런 버핏은 이를 간명하게 정리했다.

"다른 사람들이 두려워할 때 욕심을 내고 다른 사람들이 탐욕을 부릴 때 두려워하라."

시장은 유동성과 심리에 따라 출렁이지만 균형을 찾는다

주가를 움직이는 핵심 요소 네 가지 가운데 유동성과 심리는 단기와 중기 시장 흐름을 좌우하는 강력한 힘이다. 시장에 유동성이 풍부하면 주가는 오르기 쉬우며 유동성이 고갈되면 시장은 빠르게 위축된다. 투자심리는 투자자들이 시장을 어떻게 해석하고 반응하느냐에 따라 달라지는 감정의 흐름인데 때로는 금리나 실적보다 더 강하고 더 빠르게 시장을 움직인다.

유동성과 심리가 동시에 긍정적으로 작용하면 시장은 급격히 상승하며 강세장이 나타난다. 풍부한 자금 위에 낙관적 심리가 더해지면 시장은 실적 이상의 기대를 반영하며 과열 국면에 진입하기도 한다. 반대로 유동성이 축소되고 심리가 냉각되면 시장은 급격히 하락한다. 실적이 나쁘지 않아도 공포가 과도한 매도를 불러와 가격이 본질가치에서 멀어질 수 있다.

유동성과 심리의 결합은 시장의 단기 변동성을 설명하는 가장 현실적인 변수다. 이 두 힘이 같은 방향으로 강하게 움직일 때 시장은 크게 흔들린다. 투자자 또한 그 영향에서 자유롭기 어렵다. 따라서 투자자는 이러한 흐름을 인식하되 기업의 본질가치와 투자 원칙에 집중해야 한다.

앞서 살펴본 주가를 움직이는 네 가지 힘 가운데, 특히 유동성과 심리는 시장이 언제나 합리적으로 움직이지 않음을 보여준다. 시장은 궁극적으로 기업의 가치에 따라 움직이지만 그 과정에서는 감정과 자금의 흐름에 따라 끊임없이 출렁인다. 과열과 침체 그리고 낙관과 비관이 반복되는 모습은 전통적인 효율적 시장 가설 EMH, Efficient Market Hypothesis에 의문을 던진다.

효율적 시장 가설은 "모든 정보가 가격에 즉시 완전하게 반영된다."라고 주장한다. 만약 기업의 과거 실적, 현재의 재무 상황, 미래의 전략과 성장성까지 모든 정보가 즉시 반영된다면 시장은 언제나 합리적으로 움직이며 개별 투자자가 시장을 이길 방법은 존재하지 않게 된다. 그러나 현실은 다르다. 동일한 정보가 공개되더라도 해석은 투자자마다 다르다. 탐욕과 두려움에 의해 집단으로 비이성적 행동이 나타나기도 한다. 그 결과 주가는 종종 기업의 본질가치보다 과대평가되거나 과소평가된다. 따라서 시장은 완전한 효율성과는 거리가 있으며 비이성적 흐름이 반복되는 구조적 비효율성을 지니고 있다. 다만 장기적으로는 결국 기업의 가치에 수렴한다는 점에서 시장은 부분적으로 효율적이며 점진적으로 균형을 찾아가는 과정이라고 볼 수 있다.

이러한 이해는 투자자에게 중요한 교훈을 준다. "시장은 때때로

틀릴 수 있지만 영원히 틀리지 않는다."라는 것이다. 결국 투자자는 시장의 급락을 역발상 전략으로 활용하되 탐욕을 경계해야 한다. 인간의 비이성적 행동이 주가의 변동성을 키우기 때문에 투자자는 언제나 적정 가치를 기준으로 냉정하게 판단할 수 있어야 한다.

유동성과 심리는 주가를 움직이는 가장 강력한 힘이다

- 주가는 이익, 금리, 유동성, 심리라는 네 가지 힘이 복합적으로 작용한 결과물이다.

    1. 주당순이익은 기업의 기초 체력이다. 좋은 이익은 지속가능성, 질, 주주 환원 의지까지 담고 있다.
    2. 금리는 미래이익을 현재가치로 환산하는 할인율로서 기업의 본질가치와 채권 대비 상대적 매력도에 영향을 미친다. 금리에 따른 주식시장 영향은 복합적이며 성장주에 영향을 준다.
    3. 유동성은 자산 가격의 상승을 일으킨다. 유동성 증가는 금리 인하, 양적완화, 대출 정책 등을 통해 이루어지며, 특히 양적완화는 주가의 급등을 가져온다. 유동성이 증가하면 자산시장이 먼저 반응한다.
    4. 투자심리는 시장을 출렁이게 하는 인간의 집단적 감정의 변화다. 시장은 인간의 비이성적 탐욕과 공포에 의해 본질가치에서 벗어나고 역발상적 전략이 큰 수익의 기회를 만든다. 주가는 기대를 반영하고 있으며 예상과 다를 때 반응한다.

- 유동성과 심리는 시장의 단기 흐름을 좌우하는 힘이며 동시

에 같은 방향으로 작용할 때 시장은 크게 움직인다.

- 이 네 가지 힘을 균형 있게 바라볼 수 있는 안목이 바로 장기적으로 성공하는 투자자의 핵심 역량이다.

2
시장 가격과 본질가치를 읽어야 한다

주가를 읽을 때 두 개의 눈이 필요하다. 하나는 매 순간 변동하는 시장 가격이고 다른 하나는 시간이 지나면 제 가치를 드러내는 본질가치다. 같은 기업이라도 뉴스, 자금 흐름, 군중심리에 따라 가격은 하루에도 여러 차례 흔들리지만 현금흐름과 경쟁우위가 빚어내는 가치는 그렇게 급변하지 않는다.

투자자는 기업가치 평가 방법을 알고 접근해야 한다. 절대가치와 상대가치를 연결해 가격이 비싼지 싼지 가늠하고 성장주, 가치주, 경기순환주의 서로 다른 문법을 짚을 수 있어야 한다. 나아가 '안전마진'이라는 실천적 기준으로 기대와 현실의 괴리를 통제하고 ETF 시대에도 여전히 유효한 가치평가의 의미도 읽는 게 필요하다.

우리는 가격의 소음을 지나 가치의 신호를 포착하는 훈련을 해야 한다. 그러기 위해서는 질문을 던져봐야 한다.

가격 소음을 구별하고 가치 신호를 포착해야 한다

"주가는 어떻게 결정될까? 주가가 오르고 내리는 이유는 무엇일까? 주가의 움직임을 예측할 수 있을까?"

기업의 주가는 가치와 다르다. 주가는 하루에도 여러 차례 등락을 반복하고 한국 시장에서는 상하한가 제도에 따라 하루 ±30% 가까이 급변하기도 한다. 그러나 과연 기업의 실적이나 경쟁력이 단 하루 만에 그렇게 크게 달라질 수 있을까? 당연히 아니다. 기업의 펀더멘털은 하루아침에 극적으로 바뀌지 않는다. 그럼에도 주가는 때로 과도하게 반응하며 투자자에게 불안과 스트레스를 안겨준다. 이는 곧 주가와 가치가 다르다는 사실을 보여준다.

혹자는 주가를 예측할 수 있다면 큰 부를 쌓을 수 있다고 생각한다. 하지만 아무리 정교한 투자 모델이나 인공지능AI 기술이 발전하더라도 주가를 정확히 예측하는 것은 불가능하다. 주가는 수많은 변수, 감정, 기대가 뒤섞인 복합적 결과물이기 때문이다. 그렇더라도 주식을 매매하기 위해서는 현재 주가가 적정한지를 판단할 수 있어야 하지 않을까? 현재 주가가 기업의 가치 대비 고평가, 혹은 저평가가 되었는지를 무슨 근거로 판정할 수 있을까?

이 질문에 답하기 위해서는 기업가치 평가 방법을 이해해야 한다. 기업가치 평가에는 다양한 접근법이 있으나 핵심은 두 가지다.

첫째는 미래의 현금흐름을 현재가치로 환산한 현재가치 할인법 DCF, Discounted Cash Flow은 절대가치 평가법이다. 둘째는 유사한 기업과 비교하여 상대적 수준을 따지는 상대가치 평가법이다.

먼저 모든 투자 자산의 이론적 가치는 현재가치 할인법에 기반한다. 즉 그 자산이 미래에 창출할 것으로 기대되는 현금흐름cash flow을 현재 시점으로 할인하여 합산한 값이 그 자산의 내재가치 혹은 본질가치다.

현재가치 할인법

$$DCF = \frac{CF_1}{(1+r)^1} + \frac{CF_2}{(1+r)^2} + \cdots + \boxed{\frac{CF_n}{(1+r)^n}}$$

첫해의 현금흐름 / 다음 해의 현금흐름 / n번째 해의 현금흐름

- r = 현재가치로 만들기 위한 **할인율**
- ☐ = n번째 해의 현금흐름의 **현재가치**

채권의 경우 계산이 단순하다. 정해진 이자와 원금 상환이 미래 현금수입으로 확정되기 때문에 적절한 할인율(채권수익률)을 적용하면 내재가치를 쉽게 구할 수 있다. 그러나 주식은 훨씬 복잡하다. 주식의 수익은 보유 기간 중의 배당과 최종 매도가격으로 이루어진다. 그런데 이 두 가지는 현재 시점에서 정확히 예측하기 어렵다. 더욱이 기업별로 다른 할인율을 구하는 것은 이론적으로만 가능할 뿐이다. 이처럼 수많은 추정치를 사용하여 구한 내재가치를 근거로 매수와 매도를 결정하는 것은 드문 일이다.

오히려 현재가치 할인법 분석은 '주가는 가치와 다르다.'라는 점

주가와 기업가치

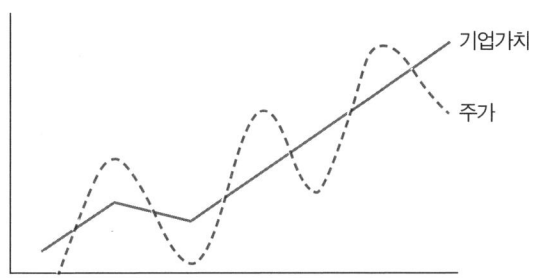

을 역설적으로 보여주는 도구라고 할 수 있다. 현재가치 할인법에서 산출된 가치와 실제 시장에서 거래되는 주가 간의 차이는 투자자의 심리와 유동성 등 기업의 본질가치와 무관한 수급 요인이 얼마나 큰 영향을 미치는지를 잘 보여준다.

가장 널리 알려진 현재가치 할인법의 단순 형태로는 배당성장모형DGM, Dividend Growth Model이 있다. 이 모형은 다음의 「배당성장모형 공식」에서 보듯이 배당이 매년 일정한 비율로 영구히 성장한다고 가정하고 주식의 가치를 계산한다.

이 모형은 현실에서 기업가치를 산출하는 데 사용되기보다는 배당, 성장률, 할인율(금리)이라는 세 가지 요소가 주식가치를 어떻게 결정하는지와 요소들의 값이 변화할 때 주가에 어떠한 영향을 미치는지를 설명하는 데 유용하게 활용된다. 즉 현재의 주가는 과거 실적이 아니라 '미래'에 창출될 현금흐름(배당)에 의해 결정되며 성장률이 높아질수록 주가가 상승하고 할인율이 올라가면 주가는 하락하는 관계를 직관적으로 보여준다.

배당성장모형 공식

$$P_0 = \frac{D_0 \times (1+g)}{k-g} = \frac{D_1}{k-g}, \quad (g < k)$$

적정주가 = 배당 / (할인율 − 성장률)

- D_0: 현재 배당
- D_1: 다음 기의 예상 배당
- g: 배당 성장률
- k: 할인율

현재가치 할인법이 이론적으로 정교한 가치평가 방법이라면 상대가치 평가는 투자 현장에서 널리 활용되는 실용적인 방식이다. 이 방법은 동일 업종 또는 유사한 성격과 규모의 기업들과 비교하여 개별 기업의 주가가 적정한지를 판단한다. 다시 말해 "비슷한 기업들에 비해 비싼가, 아니면 싼가?"를 따져보는 것이다.

상대가치 모형에서 가장 자주 사용되는 지표는 다음과 같다.

주가수익비율 PER	이익 대비 주가가 적정한가?
주가순자산비율 PBR	순자산 대비 주가는 얼마인가?
주가매출액비율 PSR	매출 규모에 비해 주가는 어느 수준인가?
자기자본이익률 ROE	자본을 얼마나 효율적으로 활용하는가?

이 지표들은 기업의 수익성, 자산가치, 성장 가능성을 비교적 간단하게 추정할 수 있게 한다. 특히 같은 산업군 내에서 주가수익비율 PER이나 주가순자산비율 PBR을 비교하면 시장에서 어떤 기업이 상대적으로 고평가되었는지 혹은 저평가되었는지를 빠르게 파악할 수 있다.

기업가치를 평가하는 3대 핵심 지표를 이해하자

주식 투자에서 감이나 직관에 의존한 판단은 큰 리스크로 이어질 수 있다. 투자자에게는 객관적인 기준과 수치, 즉 기업가치를 읽어낼 수 있는 신뢰할 만한 도구가 필요하다. 그중에서도 실무에서 가장 널리 사용되며 투자자라면 반드시 숙지해야 할 핵심 지표는 세 가지로 주가수익비율PER, 주가순자산비율PBR, 자기자본이익률ROE이다.

이 세 가지 지표는 기업이 가진 이익 창출 능력, 자산가치, 경영진의 자본 운용 역량을 간접적으로 드러내는 신호다. 또한 서로 긴밀히 연동되어 있어서 함께 해석할 때 더 정밀한 통찰을 제공한다. 아래 그림에서 볼 수 있듯이 주가, 이익, 자본은 삼각형의 세 꼭짓점처럼 연결되어 있다. 주가수익비율PER은 주가와 이익의 관계를 보여주고, 주가순자산비율PBR은 주가와 자본의 관계를 드러내고, 자기자본이익률ROE은 이익과 자본의 연결을 나타낸다.

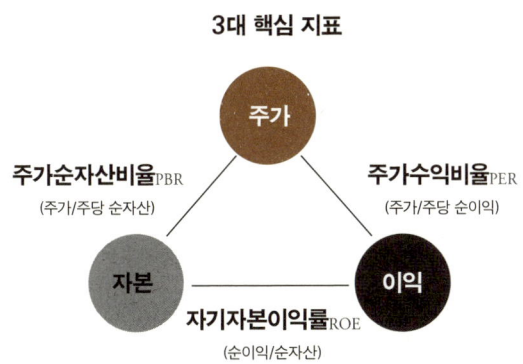

투자자는 이 지표들을 통해 주가, 이익, 자본의 관계를 입체적으로 이해할 수 있고 합리적인 투자 결정을 내릴 수 있다. 이제부터 이 세 가지 지표의 개념, 계산 방식, 해석 요령, 실전 활용법에 대해 하나씩 구체적으로 살펴보자.

첫 번째 지표인 주가수익비율PER은 주가의 적정성을 평가하는 가장 중요한 지표다. 실제 투자 현장에서 주가의 적정성을 판단하는 데 가장 널리 사용되는 지표가 바로 주가수익비율PER 이다. 주가수익비율PER은 다음과 같이 계산한다.

주가수익비율 계산

$$\text{주가수익비율}_{PER} = \frac{\text{주가}}{\text{주당순이익}} = \frac{\frac{\text{시가총액}}{\text{주식수}}}{\frac{\text{순이익}}{\text{주식수}}} = \frac{\text{시가총액}}{\text{순이익}}$$

주가수익비율PER은 '현재의 주가가 이익에 비해 얼마나 높은가 (또는 낮은가).'를 보여주는 지표다. 이론적으로 현재의 주가는 '미래 기업 이익의 현재가치'라고 전제할 때 가장 기본적이고 직관적인 가치평가 도구라고 할 수 있다.

주가수익비율PER은 실제 투자 현장에서 매우 다양하게 활용된다. 가장 일반적인 방식은 선행 주가수익비율Forward PER로 향후 12개월 동안 예상되는 주당순이익을 기준으로 평가하는 것이다. 미래 이익 전망을 반영함으로써 현재 주가 수준이 합리적인지를 판단할 수 있다. 또한 과거의 주가수익비율PER 고점과 저점을 기준으로 현재 위치를 살펴보는 밴드 분석도 자주 사용된다. 이 방법을 통해 지금의 주가 수준이 역사적 평균에 비해 높은지 낮은지를 가늠할 수 있다.

아울러 동일 업종 내의 경쟁사들과 비교하여 상대적인 수준을 확인하는 것도 중요하다. 유사한 기업 대비 주가수익비율PER이 지나치게 높다면 고평가고 반대로 낮다면 저평가의 신호로 해석할 수 있다. 더 나아가 시장 전체의 평균 주가수익비율PER과 비교하면 특정 기업이나 업종이 시장 평균 대비 어느 정도 수준에 위치하는지를 한눈에 알 수 있다. 한국 시장의 경우, 코스피 평균 주가수익비율PER은 역사적으로 대체로 10배 내외에서 움직여 왔다. 내수 업종이나 경기 민감 업종은 이보다 낮은 평가를 받는다. 하지만 글로벌 경쟁력을 확보한 기업은 평균을 웃도는 높은 주가수익비율PER이 부여되는 경향이 있다.

다만 주가수익비율PER을 해석할 때는 주의할 점도 있다. 순이익이 일회성 요인의 영향을 크게 받을 수 있기 때문이다. 이러한 한계를 보완하기 위해 기관투자자들은 영업이익을 기준으로 주가수익비율PER을 계산하기도 한다. 개인투자자의 경우에는 영업이익 기준으로 산출하기가 쉽지 않으므로 순이익을 기준으로 하되 일회성 요인을 고려해 조정하는 방식이 더 현실적이다.

주가수익비율PER은 '투자금 회수 기간'으로 이해하면 훨씬 직관적이다. 예를 들어 연간 순이익이 100억 원인 기업을 시가총액 1,000억 원에 인수했다면 이익만으로 투자금을 회수하는 데 10년이 걸린다. 이는 주가수익비율PER 10배에 해당한다. 만약 주가수익비율PER이 100배라면 투자금 회수에 100년이 걸린다는 의미이므로 매우 비현실적이다. 결국 높은 주가수익비율PER은 '앞으로 기업의 이익이 지금보다 훨씬 빠르게 증가할 것'이라는 강한 기대가 가격에 반영된 결과다.

앞선 예에서 이익 100억 원인 회사를 1조 원에 인수하려면 향후 이익이 2배, 3배 이상으로 빠르게 증가해야만 그 가치가 정당화된다. 그러나 이러한 기대가 현실화되지 않으면 높은 주가수익비율PER의 성장주는 급격히 무너질 수 있다. 2023년 이차전지 관련주가 대표적인 사례다. '미래 친환경차'라는 강한 내러티브에 힘입어 주가수익비율PER이 비정상적으로 높게 형성됐지만 실적이 기대를 따라가지 못하자 주가는 급락했다. 대부분의 거품은 실적보다 기대가 과도하게 앞설 때 발생한다. 따라서 주가수익비율PER이 높은 주식일수록 내러티브의 실현 가능성을 냉정하게 따져보아야 한다.

성장주의 가치평가 참고 지표로 주가수익성장비율PEG, Price Earnings to Growth ratio이 있다. 성장주의 가치를 더 합리적으로 평가하기 위해 사용되는 보조 지표다. 이 지표는 주가수익비율PER을 기업의 이익성장률로 나눈 값(주가수익성장비율=주가수익비율÷이익성장률)으로 피터 린치가 널리 보급한 실전 투자 지표다.

이 지표의 해석은 단순하다. 주가수익성장비율PEG이 1보다 작으면 성장률 대비 주가수익비율PER이 낮아 저평가된 성장주일 가능성이 있다. 반대로 1을 초과하면 성장률에 비해 주가수익비율PER이 높아 과대평가되었을 가능성이 있다. 예를 들어 주가수익비율

PER이 50배인 기업이라면 연간 이익성장률이 최소 50% 이상은 나와야 현재 주가가 어느 정도 정당화된다. 하지만 현실에서 이익이 매년 50% 이상 성장하는 기업은 극히 드물다. 따라서 주가수익비율PER이 높은 기업은 성장률이 조금만 둔화되어도 주가가 급락할 위험이 크다.

주가수익성장비율PEG이 완벽한 가치평가 수단은 아니다. 하지만 고성장 기업의 주가가 '합리적 기대치'에 맞는지를 가늠하는 유용한 참고 지표다. 투자자는 주가수익성장비율PEG을 활용해 성장률 추이를 지속해서 점검하고 기대와 현실의 괴리가 커지지 않는지를 주의 깊게 살펴야 한다.

주가수익비율PER이 낮은 주식을 보통 가치주라고 한다. 그런데 주가수익비율PER이 낮다고 해서 반드시 좋은 주식은 아니다. 기업의 주가수익비율PER이 오랫동안 낮은 수준에 머문다면 그럴 만한 이유가 존재하는 경우가 많다. 예를 들어 성장성이 정체되었거나, 산업 자체가 구조적으로 둔화되고 있거나, 주주 환원 정책이 미흡하거나, 경영진의 비전이나 실행력이 부족하면 그 기업의 주가는 저평가된 상태에서 장기간 정체될 수 있다.

그러나 반전이 일어나기도 한다. 자사주 매입과 소각, 신규 사업 진출, 구조조정, 경영진 교체와 같은 긍정적 변화(촉매)가 나타나면 그동안 낮았던 주가수익비율PER이 재평가되면서 주가가 급등하는 현상이 발생할 수 있다. 여기에 더해 주당순이익까지 증가한다면 주가는 '순이익×주가수익비율PER'이라는 공식에 따라 복합적인 상승효과를 얻게 된다.

이처럼 '이익의 증가'와 '주가수익비율PER의 재평가'가 동시에 일어날 경우 주가는 장기간 우상향 흐름을 탈 수 있다. 따라서 낮은 주가수익비율PER 종목은 단순한 배당 목적의 투자가 아니라면 '변화의 촉매' 존재 여부가 그 종목에 투자할지 판단하는 핵심 기준이 된다.

경기순환주의 경우 주가수익비율PER의 반대 해석도 주의 깊게 살펴야 한다. 한국증시에는 경기순환주가 다수 상장되어 있다. 이러한 종목은 이익이 경기의 흐름에 따라 크게 변동한다. 주가수익비율PER 역시 일반적인 종목과 반대 방향으로 움직이는 특성을 보인다. 즉 경기가 불황일 때는 기업의 이익이 급감하면서 주가수익비율PER이 높아지고 반대로 경기가 호황일 때는 이익이 급증하여 주가수익비율PER이 낮아지는 경향이 있다.

다시 말해 경기순환주는 이익이 저점일 때 주가수익비율PER이 가장 높고 이익이 정점에 도달했을 때 주가수익비율PER이 가장 낮을 수 있다. 이러한 특성 때문에 경기순환주를 평가할 때는 단순히 주가수익비율PER이 낮다고 매수하는 것은 위험하다. 주가수익비율PER이 낮은 시점이 오히려 경기의 고점일 수 있기 때문이다. 따라서 경기순환주를 분석할 때는 주가수익비율PER 수치 자체보다 이익 사이클의 위치를 함께 고려해야 한다. 낮은 주가수익비율PER이 매수 신호가 아니라 오히려 차익 실현이나 리스크 관리의 시점일 수 있음을 염두에 두어야 한다.

주가수익비율PER은 단순히 현재 주가의 적정성을 평가하는 데 그치지 않는다. 예상 주당순이익EPS에 적정 주가수익비율PER을 곱하면 미래 주가나 시가총액을 간단히 추정할 수 있다. 이 방식은 단순하지만 '이익 추정'과 '주가수익비율PER 판단'이라는 두 가지 전제가 정확할수록 주가 예측의 유용한 도구가 된다.

- 미래 주가 = 예상 주당순이익 × 적정 주가수익비율PER
- 미래 시가총액 = 예상 순이익 × 적정 주가수익비율PER

핵심은 예상 순이익의 추정이다. 산업 환경이 안정적이고 이익 증가율이 일정한 기업은 예상 순이익 예측이 비교적 쉽고 주가수익비율PER 역시 과거 평균 범위에서 크게 벗어나지 않는다. 그러나 신사업 진출, 글로벌 시장 확대, 기술혁신, 경영전략 변화 등으로 성장성이 급변하면 예상 순이익은 물론이고 주가수익비율PER 자체가 다시 평가되는 '리레이팅re-rating'이 일어날 수 있다.

대표 사례로 삼양식품을 들 수 있다. '불닭볶음면'의 수출이 본격화되면서 순이익이 급증했고 시장은 이에 반응하여 주가수익비율PER 배수를 새롭게 평가했다. 결과적으로 '순이익 증가×주가수익비율PER 리레이팅'이라는 복합 승수 효과가 작용하며 주가는 장기간에 걸쳐 큰 폭으로 상승했다.

그런데 주가수익비율PER만으로 기업을 단순 비교하는 것은 위험하다. 시가총액(주가×상장주식 수)도 반드시 함께 고려해야 한다. 시가총액은 시장 전체가 그 기업을 어떻게 평가하는지를 보여주는 총합 지표다. 주가수익비율PER과 시가총액을 함께 살펴야 기업의 실질 가치와 시장 내 위치를 더 정확히 파악할 수 있다.

코스피 200, S&P 500 등 대부분의 시장 대표 지수는 시가총액을 기준으로 구성된다. 이들 지수에 편입된 기업들은 대체로 이익의 안정성, 지속적인 주주 환원, 산업 내 경쟁력 측면에서 상대적으로 우수하다. 반면 시가총액이 작은 기업은 급성장할 가능성을 가진 대신 재무적 불안정성, 유동성 부족, 정보 비대칭 등 다양한 위험을 안고 있다. 따라서 단순히 주가수익비율PER이나 성장률 같은 숫자만 보고 섣불리 투자하는 것은 큰 손실로 이어질 수 있다.

일반 투자자라면 시가총액이 큰 기업을 중심으로 투자 전략을 세우는 것이 바람직하다. 예를 들어 유가증권시장에서는 코스피 200, 코스닥 시장에서는 코스닥 50에 편입된 기업들을 기본 투자 대상으로 삼는 것이 안정성과 정보 접근성 측면에서 합리적이다.

두 번째 지표인 주가순자산비율PBR은 기업의 자산가치에 비해 주가가 어떤 수준에 있는지를 보여주는 지표이다. 계산식은 다음과 같다.

주가순자산비율 계산

$$\text{주가순자산비율}_{PBR} = \frac{\text{주가}}{\text{주당순자산가치}} = \frac{\frac{\text{시가총액}}{\text{주식수}}}{\frac{\text{순자산}}{\text{주식수}}} = \frac{\text{시가총액}}{\text{순자산}}$$

이 지표는 특히 금융주나 자산주처럼 자산가치가 핵심 평가 요소인 기업군에서 자주 활용된다. 예를 들어 은행은 금융자산의 비중이 높고 재무제표상 순자산가치를 비교적 신뢰할 수 있기 때문에 주가순자산비율$_{PBR}$을 통해 주가의 적정성을 가늠할 수 있다. 또한 부동산 자산을 다수 보유한 기업 역시 보유 자산과 시가총액을 비교하는 방식으로 저평가 여부를 판단할 수 있다.

이론적으로 주가순자산비율$_{PBR}$이 1보다 낮다는 것은 그 기업을 현재 시가에 인수한 뒤 자산을 청산하면 초과 이익을 얻을 수 있다는 의미다. 극단적으로는 기업을 청산하는 편이 더 나은 선택이 될 수도 있다는 것이다. 그러나 낮은 주가순자산비율$_{PBR}$ 뒤에는 시장이 그 기업을 낮게 평가하는 나름의 이유가 있으며 원인이 해소되지 않는다면 주가 재평가는 좀처럼 일어나지 않는다.

그럼에도 업종별로 일정 조건이 갖춰질 때 낮은 주가순자산비율$_{PBR}$은 투자 기회로 이어질 수 있다. 예를 들어 은행주는 배당 확대와 자사주 매입이나 소각 같은 주주 환원 강화가 나타날 때, 자산주는 자산 재평가와 함께 수익성 있는 신사업 추진이 뒤따를 때, 지주사는 중복 상장 해소나 지배구조 개선이 이뤄질 때 주가 재평가가 가능하다.

주가순자산비율$_{PBR}$은 자산 대비 시장의 기대 수준을 비추는 거울과 같다. 그러나 숫자가 낮다고 해서 기계적으로 매수하는 것은 위험하다. 그 기업의 주가순자산비율$_{PBR}$이 낮은 이유가 단순한 저평가인지, 구조적 한계인지, 변화가 시작될 시점에 와 있는지를 구분할 통찰력이야말로 주가순자산비율PBR을 진정으로 활용하는 투자자의 능력이다.

세 번째 지표인 자기자본이익률ROE은 기업이 주주의 지분인 자기자본을 얼마나 효율적으로 활용해 이익을 창출했는지를 나타내는 대표적인 수익성 지표다. 계산식은 다음과 같다.

자기자본이익률 계산

$$\text{자기자본이익률}_{ROE} = \frac{\text{당기순이익}}{\text{자기자본}} \times 100$$

예를 들어 자기자본이익률ROE이 10%라는 것은 주주가 출자한 자본을 100억 원으로 가정할 때 한 해 동안 10억 원의 순이익을 벌어들였다는 의미다.

자기자본이익률ROE은 단순한 수익률을 넘어 기업의 경쟁력, 경영 효율성, 그리고 경영진이 자본을 얼마나 현명하게 활용하는지를 종합적으로 보여주는 핵심 지표다. 자기자본이익률ROE이 높은 기업은 대체로 안정적인 사업 구조와 효율적인 경영 시스템을 갖추고 있으며 잉여 자본을 적절히 활용해 주주가치를 높이는 전략을 실행하는 경우가 많다.

이러한 특성 때문에 워런 버핏을 비롯한 세계적인 투자자들은 단기 실적보다는 장기적으로 높은 자기자본이익률ROE을 유지하는 기업에 주목한다. 워런 버핏은 기업을 공동으로 소유하는 장기 투자자로서 자기자본이익률ROE을 가장 중요한 가치 판단 지표로 삼았다. 그는 단순히 이익 규모가 큰 기업보다 이익률을 높이거나 불필요하게 쌓인 자본을 주주에게 환원해 자기자본이익률ROE을 개선하는 기업을 선호했다. 특히 자사주 매입과 소각이나 배당을 통해 자본을 효율적으로 줄이고 주주가치를 강화하는 기업을 높이 평가했다.

애플이 대표적이다. 애플은 이익 성장이 정체되는 시기에 연간 이익의 상당 부분을 자사주 매입에 활용해서 자기자본이익률ROE을 안정적으로 유지하거나 오히려 상승시켜 왔다. 자사주 매입과 소각은 잉여 자본을 직접적으로 주주에게 환원하는 전략이며 자기자본이익률ROE 개선의 강력한 수단이다. 결국 자기자본이익률ROE의 유지와 향상은 단순한 실적 관리 차원을 넘어 경영자의 철학과 주주 중심 경영 의지를 반영하는 지표라 할 수 있다.

그러나 한국증시에서는 자기자본이익률ROE을 기업가치 평가의 핵심 지표로 활용하는 문화가 상대적으로 약하다. 그 배경에는 몇 가지 구조적 이유가 있다. 우선 기업들의 순이익이 경기와 업황에 따라 크게 출렁이면서 안정성이 부족하다. 또한 반도체와 철강과 같이 자본 집약적 산업의 경우 자기자본 규모가 커서 자기자본이익률ROE이 낮게 산출되는 경향이 있다. 여기에 더해 자사주 매입과 소각, 배당 확대와 같은 주주 환원 정책이 미흡한 것도 원인이다.

무엇보다도 자기자본이익률ROE을 높여 주주가치를 올리는 경영 철학 자체의 부족이 한국증시 저평가의 중요한 원인 가운데 하나다. 다만 최근 정부의 밸류업 정책과 일부 우량기업들의 자사주 매입 및 배당 확대 움직임은 긍정적인 변화라 할 수 있다.

요약하면 자기자본이익률$_{ROE}$은 기업의 수익성과 경영 역량을 동시에 보여주는 핵심 지표다. 특히 높은 자기자본이익률$_{ROE}$을 장기간 안정적으로 유지하고 자사주 매입이나 배당과 같은 주주 환원 정책을 꾸준히 실행하는 기업은 장기 투자자에게 신뢰할 만한 투자 대상이 된다. 결국 자기자본이익률$_{ROE}$은 경영진이 어떤 철학으로 주주가치를 존중하며 자본을 운용하는가를 드러내는 거울이다.

변동성 시대에 투자의 본질은 안전마진 확보에 있다

주식시장에서 가장 흔하게 혼동되는 개념이 있다. 바로 가치$_{value}$와 가격$_{price}$이다. 가치는 기업이 가진 본질적인 경제적 능력, 즉 이익 창출력, 성장성, 경쟁력 등에서 비롯되는 내재된 힘이다. 반면 가격은 시장에서 수요공급에 따라 결정된 그 기업에 대해 현재 책정한 숫자일 뿐이다.

기업가치는 단기간에 크게 변하지 않지만 주가는 매일 같이 투자심리와 외부 변수에 따라 움직인다. 때로는 가치보다 낮게 거래되기도 하고 반대로 과도하게 비싸지기도 한다. 바로 이 '가치와 가격의 차이' 속에 투자 기회가 숨어 있다.

워런 버핏의 스승인 벤저민 그레이엄은 "투자의 본질은 안전마진을 확보하는 데 있다."고 강조했다. 안전마진$_{margin\ of\ safety}$이란 스스로 판단한 내재가치보다 충분히 낮은 가격에 매수하여 불확실성과 분석 오류를 흡수할 수 있는 여유 공간을 확보하는 것이다. 예

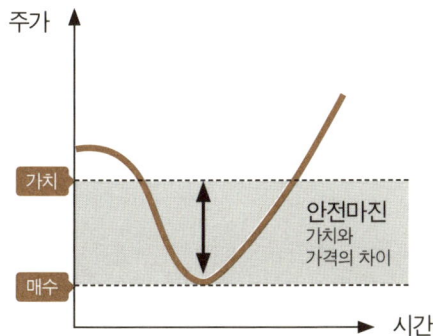

안전마진 개념도

를 들어 내재가치를 10만 원으로 판단한 기업을 7만 원 이하에 매수하면 30%의 안전마진이 생긴다. 이 차이는 시장 급락, 일시적인 악재, 분석의 착오를 버텨낼 수 있는 버퍼buffer가 된다. 그래서 그레이엄은 투자란 손해를 보지 않기 위해 무엇보다 먼저 '싼 가격에 사는 것'이라고 강조했다. 워런 버핏 역시 아무리 훌륭한 기업이라도 비싸게 사면 실패한다고 경고했다.

오늘날처럼 금리, 환율, 지정학 등 다양한 변수로 시장의 불확실성이 커지는 시대에는 미래 예측보다 안전마진의 사고방식이 더욱 중요하다. 이익 추정이 불확실할수록 더 낮은 가격에 매수해야 하며 성장률과 이익 전망은 보수적으로 추정해야 한다. 또한 시장에서 관심을 두지 않을 때가 오히려 싼 가격에 매수할 기회다.

결국 투자자는 '가치와 가격은 다르다.'라는 인식을 출발점으로 삼아야 한다. 시장은 과도한 기대나 공포로 주가를 흔들지만 기업의 본질적 가치는 쉽게 변하지 않는다. 그 차이를 이해하고 가치보다 충분히 낮은 가격에 매수하는 습관, 즉 안전마진을 확보하는 태도가 장기적으로 살아남는 투자자의 원칙이다.

지수 구성 종목의 가치를 읽는 능력이 ETF 투자의 기본기다

ETF는 낮은 비용, 자동 분산, 간편한 구조 덕분에 이제 투자의 대중화를 이끈 대표 상품이 되었다. 그렇다고 해서 개별종목을 분석하고 가치를 평가할 필요가 없는 시대가 된 것은 아니다. ETF 시대에도 가치평가는 여전히 필요하며 오히려 그 중요성은 더욱 커졌다.

첫째, 지수를 사더라도 결국은 기업의 가치에 투자하는 것이다. S&P 500, 나스닥 100 ETF는 지수 전체를 사는 것이지만 지수는 개별 기업들의 집합이다. 장기적으로 ETF의 수익률이 높다는 것은 그 속에 담긴 기업들의 가치가 시장에서 인정받았기 때문이다. 지수 구성 기업의 가치를 이해하지 못하면 시장 변동성에 흔들려 불필요한 단기 매매로 흐르기 쉽다. 결국 가치에 대한 확신이 없으면 지수 ETF조차 장기 보유하기 어려운 상품이 될 수 있다.

둘째, ETF 내부에서도 성과의 편차는 크다. 지수형 ETF는 시장 평균을 추종하지만 구성 종목 간 성과 차이는 매우 크다. 실제로 S&P 500에서도 상위 10개 기업이 지수 상승의 대부분을 이끄는 경우가 많다. 어떤 산업이 구조적으로 성장할 수 있는지, 어떤 기업이 지수 성과를 주도하는지 평가할 수 있다면 리스크 관리와 리밸런싱에서 큰 도움이 된다. 일례로 최근 몇 년간 '빅테크 7' 기업들이 미국 증시의 상승을 주도했듯이 이를 추종하는 ETF는 다른 종목군 대비 월등한 성과를 보였다.

셋째, 주변 전략에서는 가치평가가 핵심이다. 섹터 ETF는 운용사마다 구성 종목과 비중이 달라 같은 산업에 투자하더라도 성과 차이가 크게 벌어진다. 예컨대 바이오 ETF 중 일부는 대형 제약사를 중심으로 안정성을 추구하지만 다른 상품은 임상 단계의 중소형 기업에 집중해 높은 위험과 큰 보상을 동시에 수반한다. 따라서 산업 전망만 보는 것으로는 부족하며 각 ETF가 담고 있는 구체적인 종목의 가치와 운용 전략을 반드시 평가하고 점검해야 한다.

ETF가 대세인 시대에도 가치평가는 사라지지 않는다. 핵심 전략에서는 지수 성과를 분석하고 리밸런싱하는 능력이 필요하다. 주변 전략에서는 섹터 ETF에 편입된 기업을 평가하고 선택하는 능력이 중요하다. 가치평가는 ETF 시대에도 여전히 투자자의 기본 언어이며 주식 투자자로서 반드시 갖춰야 할 역량이다.

 **투자 인사이트**

가치를 측정하는 기술

- 개별종목 투자든 ETF 투자든 결국 모든 투자는 가치평가에서 시작된다.

1. 주가수익비율 PER은 가장 기본이 되는 가치평가 수단이다. 단순히 주가수익비율 PER 수준이 아니라 이익의 질, '촉매'의 가능성, 높은 기대 수준을 충족할 성과 창출 가능성을 파악하는 능력이 필요하다. 낮은 주가수익비율 PER 주식이 재평가될 때 주가는 급등할 수 있다.
2. 주가순자산비율 PBR은 은행주와 자산주 등에 제한적으로 사용된다. 낮은 주가순자산비율 PBR 주식은 주주 환원 정책과 촉매로 재평가될 수 있다.
3. 자기자본이익률 ROE은 수익성과 자본 활용 철학을 동시에 보여주는 지표다. 자사주 매입과 소각은 자기자본이익률 ROE과 주가 모두에 긍정적인 영향을 준다.
4. 안전마진 margin of safety은 시장의 급락, 일시적인 악재, 분석 착오 등을 흡수할 수 있는 버퍼가 된다. 가장 좋은 투자는 좋은 기업을 싸게 사는 것이다.

- ETF 시대에도 가치평가는 유효하다. 지수 ETF(핵심)든 섹터 ETF(주변)든 주식에 투자하는 것은 가치평가가 기본이다. 가

치평가는 단순히 주가와 시장지수의 수준을 판단하는 것이 아니다. 어떤 지표를 중시하고 어디에 투자할지를 선택하는 과정은 곧 '나만의 투자 원칙'을 세우는 일이며 장기적인 투자 성과를 좌우하게 된다.

3
분산투자가 장기 복리를 만든다

분산투자diversification란 무엇인가? 분산투자는 단순히 여러 종목에 나누어 투자하는 것을 의미하지 않는다. 그 본질은 예측할 수 없는 미래에 대비하기 위한 안전한 투자 구조를 설계하는 것에 있다.

우리는 일상에서 자연스럽게 분산의 지혜를 실천하고 있다. 하지만 이상하게도 주식시장에 들어오면 단기 수익에 집착하여 소문난 종목에 '몰빵'하는 실수를 범한다. 모든 달걀을 한 바구니에 담았다가 바구니가 흔들리면 모든 것을 잃을 수 있다. 하지만 자산을 나누어 담아두면 어느 하나가 깨져도 전체는 지켜낼 수 있다. 이것이 바로 분산투자의 본질이다.

분산투자는 리스크를 분산하는 동시에 복리 수익을 지켜주는 보호막이다. 성공적인 장기 투자는 분산투자를 통해 이 보호막을 얼마나 견고하게 설계하느냐에 달려 있다. 그래서 분산투자와 관련하여 다섯 가지 핵심 질문에 답해보고자 한다. 첫째, 투자 성과의 대부분이 자산 배분에서 결정되는 이유는 무엇인가? 둘째, 주식 투자에서 분산투자의 필요성과 3대 원칙은 무엇인가? 셋째, 효과적인 분산투자는 어떻게 실천할 수 있는가? 넷째, 미국 시장과 달러 자산을 핵심으로 삼아야 하는 이유는 무엇인가? 다섯째, 젊은 시절 왜 자기 자신에 대한 투자가 최우선인가?

장기 투자 성과는 자산 배분에서 결정된다

우리는 종종 투자 성과를 "어떤 종목을 골랐느냐."로 판단한다. 하지만 여러 실증 연구 결과는 장기 투자 성과의 대부분이 자산 배분asset allocation에서 결정된다는 사실을 보여준다. 미국의 글로벌 자산운용사인 피셔 인베스트먼트에 따르면, 장기 포트폴리오 수익률의 약 70%는 주식, 채권, 현금 등 자산군의 배분에서 결정된다. 나머지 중 20%는 섹터나 스타일 선택이고 단지 10%만이 종목 선택으로 결정된다고 한다. 즉 전체 성과의 90% 이상이 자산 배분과 포트폴리오 설계에 좌우된다는 것이다. 따라서 장기 투자의 성패는 결국 "어떤 종목을 고르느냐?"가 아니라 "어떤 자산에 얼마를 담느냐?"에 달려 있다.

여기서 중요한 것은 수익성 자산인 주식이 미래의 부를 결정한다는 것이다. 장기적으로 부를 형성하는 핵심은 수익을 창출하는 자산에 충분히 배분하는 것이다. 특히 젊을수록 수익성 자산에 대

포트폴리오 수익률 기여도

수익률 기여도	투자 결정 유형	세부 내용(예시)
70%	자산 유형 선택	주식, 채권, 부동산, 현금 등
20%	주식 자산 내 배분	- 국가 - 섹터(업종) - 시가총액(대형주 vs. 소형주) - 가치 평가(가치주 vs. 성장주)
10%	개별주식	특정 주식 투자

(출처: 피셔 인베스트먼트)

한 배분 비중을 높여야 한다.

대표적인 수익성 자산은 주식과 부동산이다. 과거 수십 년간 미국에서는 주식, 한국에서는 부동산이 높은 수익률을 기록해 왔다. 그러나 미래가 과거와 같을 것이라고 단정할 수는 없다. 금리 환경, 인구 구조, 산업 변화를 고려하면 앞으로는 주식이 부의 중심 동력이 될 가능성이 크다. 주식 투자는 장기 복리 효과를 가장 효과적으로 구현할 수 있는 수단이며 시간은 복리 구조 위에서 초가속의 힘을 발휘한다.

자산 배분 전략에는 정답이 없다. 나이, 자산 규모, 금융 이해도, 투자 경험, 리스크 수용 능력에 따라 달라져야 한다. 예를 들어 젊은 투자자는 시간이라는 자산을 활용할 수 있으므로 수익성 자산 비중을 높게 가져가는 것이 유리하다. 반면 은퇴를 앞둔 투자자는 수익보다는 안정적인 현금흐름 확보와 리스크 관리에 중점을 두는 것이 합리적이다.

최근 사람들의 우려를 많이 사는 인플레이션과 관련해서는 어떻게 해야 할까? 장기 투자에서 가장 큰 적은 시장 변동성이 아니라 인플레이션이다. 물가가 지속적으로 상승하면 자산의 실질 가치, 즉 구매력은 급격히 하락하기 때문이다. 물가가 연 2%씩 상승한다면 30년 후 자산의 실질 가치는 약 45% 감소하게 된다. 따라서 장기 자산 배분의 목표는 실질수익률real return을 확보하는 것이 되어야 한다. 이를 위해 인플레이션을 상회하는 수익을 기록해 온 대표적 자산인 주식을 반드시 일정 수준 이상 포함해야 한다. 프린스턴대학교 경제학자이자 『랜덤워크 투자 수업』의 저자인 버턴 말킬Burton G. Malkiel은 인플레이션 시대의 자산 배분에서 주식의 중요성을 강조하며 "주식은 장기적으로 우리가 가진 최고의 인플레이션 헤지 수단이다. 채권이나 금보다도 훨씬 낫다."라고 설명한다.

채권은 수익보다 리스크 관리의 수단이다. 채권은 수익을 크게 내기 위한 자산이 아니라 주식의 변동성을 상쇄하는 리스크 관리용 자산이다. 특히 금융위기나 급락장에서 주가가 하락할 때는 채권 가격이 상승하여 포트폴리오 성과를 방어하는 역할을 해왔다. 채권의 적정 비중은 개인의 재무 상태, 리스크 수용 능력, 경제 활동 연령, 은퇴 계획 등에 따라 달라진다. 일반적으로는 주식과 채권을 60:40으로 구성하는 것이 기본적인 균형으로 간주된다. 우리나라의 개인형퇴직연금IRP에서 위험자산 비중을 70%로 제한하고 나머지를 채권이나 예금으로 유지하도록 하는 것도 이러한 분산 원리를 제도화한 예라고 볼 수 있다.

참고로 현금과 예금은 단기 안전자산이다. 그러나 장기적으로 봤을 때는 가치 소멸 자산이라 할 수 있다. 현금과 예금은 자산 배분에서 특별한 역할을 가진다. 변동성이 큰 자본시장에서 현금과 예금은 자산을 지키고 위기 상황에서 추가 투자 여력을 마련하는 중요한 기능을 한다. 즉 원금 보전과 유사시를 대비한 비상 자금으로서의 가치가 크다.

그러나 시간이 길어지면 문제가 발생한다. 물가가 매년 2%씩만 상승한다고 가정해도 10년 뒤 현금과 예금의 실질 가치는 약 18% 감소한다. 명목상으로는 안전자산처럼 보이지만 장기적으로는 자산가치를 보전하지 못하는 것이다. 워런 버핏이 "현금은 실질적으로 가장 위험한 자산 중 하나다."라고 말한 것도 이런 맥락에서다.

따라서 현금과 예금은 단기적으로는 안전자산이지만 장기적으로는 실질 가치를 지켜주지 못하는 자산으로 이해해야 한다. 3년 이내 사용이 예정된 자금, 시장 하락에 대비한 기회 자금, 연금 생활자의 생활자금 그리고 위기 상황에 대비한 비상금 정도로만 보유하는 것이 바람직하다.

종목, 시점, 지역과 통화에 분산투자를 한다

주식 투자의 본질은 예측하기 어려운 시장에서 장기적으로 생존하며 복리의 힘을 작동시키는 데 있다. 이 목표를 달성하기 위해 반드시 필요한 전략이 분산투자다. 이는 크게 세 가지 측면에서 실천된다. 첫째, 종목 분산이다. 서로 다른 산업과 성격이 다른 종목에 나누어 투자함으로써 특정 기업이나 산업의 충격이 전체 성과를 훼손하지 않도록 한다. 둘째, 시점 분산이다. 일정한 간격으로 나누어 꾸준히 투자하면 시장의 변동성에 휘둘리지 않고 평균 매입 단가를 낮추는 효과를 얻을 수 있다. 셋째, 지역과 통화의 분산이다. 한국증시는 세계에서 차지하는 비중이 2% 남짓에 불과하고 원화는 국제 거래에서 활용도가 낮은 통화다. 글로벌 자산과 기축통화인 달러에 분산투자를 해야 장기적으로 자산을 지켜낼 수 있다. 이 세 가지 원칙을 균형 있게 적용할 때 개인투자자도 변동성이 높은 주식시장에서 장기적으로 안정적인 성과를 거둘 수 있다.

분산투자의 3가지 원칙을 하나씩 상세히 살펴보자. 우선 첫 번째 원칙인 종목 분산은 성격이 다른 종목으로 리스크를 줄이는 것이다. 한국 개인투자자의 60%는 3종목 이하에 투자하고 있으며 그중 상당수는 특정 테마나 업종에 집중하는 것으로 알려져 있다. 주식 투자에서 가장 기본적인 원칙은 "하나의 종목에 '몰빵'하지 않는 것"이다. 하나의 종목에 집중하면 실적 부진, 경영 리스크, 산업 위기 등 예측할 수 없는 사건에 의해 큰 손실을 볼 수 있다. 반면 다양한 종목으로 자산을 나누면 한 종목의 실패가 전체 수익률에 미치는 영향을 줄일 수 있다.

일반적으로 30개 이상의 종목을 담으면 개별종목에서 발생하는 리스크는 대부분 제거된다고 알려져 있다. 하지만 개인투자자가 수십 종목을 분석하고 관리하기는 어렵기 때문에 관리할 수 있는 수준에서 분산하는 것이 바람직하다. 현실적으로 10종목 정도면 충분하다.

분산투자에서 가장 중요한 것은 단순히 종목 수를 늘리는 것이 아니다. 진정한 분산은 서로 다른 성격을 가진 종목을 조합할 때 비로소 이루어진다. 예컨대 대부분의 종목이 반도체나 이차전지 같은 한 업종에 몰려 있다면 사실상 '가짜 분산'일 뿐이다. 진정한 분산은 업종, 스타일, 기업 규모가 다른 종목을 함께 담아야 한다. 반도체, 소비재, 금융, 바이오 등으로 업종을 나누거나 성장주, 가치주, 배당주, 경기순환주처럼 스타일을 섞는 방식이 필요하다. 전문 투자자들은 시장 주도주와 소외주를 함께 편입하는 '바벨 전략'을 활용해 균형을 맞추기도 한다.

일부 투자자들은 워런 버핏의 '집중 투자'를 이상적인 전략으로 여긴다. 그러나 이는 깊은 기업 분석 능력, 오랜 경험, 시장 통찰을 갖춘 소수 전문가만이 가능한 방식이다. 흥미로운 점은 버핏 스스로도 일반 투자자에게는 "S&P 500 ETF에 장기 투자하라."고 권했다는 사실이다. 이는 대다수 개인투자자에게는 속성이 서로 다른 종목으로 이미 분산된 지수 ETF가 훨씬 더 실질적이고 안전한 길임을 보여준다. 특히 투자 초보자나 바쁜 직장인에게는 주가지수 ETF가 가장 손쉽게 실천할 수 있는 최적의 분산투자 방법이다. 사실 워런 버핏의 투자 포트폴리오는 약 40~50개의 상장회사만이 아니라 180여 개의 비상장회사까지 총 200개가 넘는 회사가 다양한 업종에 분산되어 있다. 투자자들이 워런 버핏을 집중투자자라고 인식하는 것은 상장회사 투자 포트폴리오만을 보기 때문이다. 비상장회사를 포함하면 세계에서 가장 분산된 포트폴리오를 운용

적립식 투자 효과

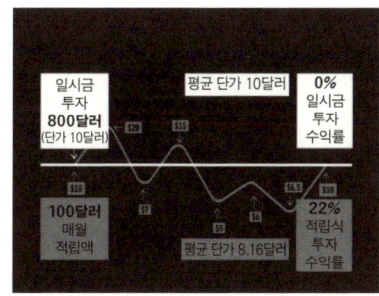

매입금액	주가	주수
100달러	10달러	10주
100	20	5
100	7	14.3
100	15	6.7
100	5	20
100	6	16.7
100	6.5	15.4
100	10달러	10
800달러	8.16달러	98주

- 주수 증가 : 18주
- 평균 단가 800달러/98주 = 8.16달러

■ 수익률: 10달러/8.16달러 = 22%
　　　　 980달러/800달러 = 22%

하는 투자자 중 한 사람이라고 볼 수 있다.

두 번째 원칙인 시점 분산은 적립식 투자로 단가를 낮추고 꾸준함을 유지하는 것이다. 주식시장은 단기적으로 예측이 거의 불가능하다. 주가는 아무리 우량한 종목이라도 하루에도 여러 차례 오르내리며 금리, 경제 지표, 지정학적 사건 등 외부 변수에 따라 크게 요동친다. 이러한 변동성 속에서 매수와 매도 타이밍을 정확히 맞추는 것은 사실상 불가능하다.

개인투자자에게 가장 현실적인 전략은 '시간을 나누어 투자하는 적립식 방식DCA, Dollar Cost Averaging'이다. 표에서 보듯이 적립식 투자는 일정 금액을 정기적으로 투자하는 방식으로 주가가 낮을 때 더 많은 주식을 매수해 평균 매입 단가를 낮추는 효과를 낸다. 이것이 적립식 투자의 핵심 원리다. 결국 단기 변동성에 휘둘리지 않고 꾸준히 투자해야지만 복리 효과를 극대화할 수 있다. 이 원리는 역사적 위기에서도 확인된다. 2000년대 초반의 닷컴버블 붕괴나 2008년 글로벌 금융위기 등 심각한 시장 침체기에도 매달 일정 금액을 적립식으로 투자한 투자자들은 하락장에서 더 많은 주식을 매입하면서 평균 단가를 낮췄고 이후 시장 회복 과정에서 복리 수익이 가속화되는 효과를 경험했다.

시점 분산 전략의 핵심은 '예측하지 말고 꾸준히 하는 태도'다. 시장의 방향성을 예측하기보다는 장기적 상승을 믿고 시장 하락기에도 규칙적인 투자를 지속하는 것이 중요하다. 이 전략은 특히 매달 일정한 소득이 있는 직장인, 초보 투자자, 감정적 매매를 줄이고 싶은 사람들에게 유용하다. 적립식 투자를 통해 투자자는 변동성이 큰 주식시장에서 '심리적 안정감'과 '복리 효과'라는 두 가지 효과를 동시에 얻을 수 있다.

세 번째 원칙인 지역과 통화 분산은 간단히 말해 '미국과 달러 자산 포함하기'다. 한국 투자자가 국내 주식만으로 글로벌 성과를 따라잡기는 어렵다. 한국증시는 세계 증시에서 차지하는 비중이 2% 남짓에 불과하며 경기 민감형 수출 기업 편중과 낮은 주주 환원율 같은 구조적 한계로 인해 오랫동안 박스권에 머물러 왔다. 따라서 미국과 선진국 주식시장, 특히 세계 기축통화인 달러 자산에 분산투자하는 것은 선택이 아니라 필수다.

미국의 S&P 500 지수는 지난 수십 년간 연평균 8~10%의 안정적인 수익률을 기록해 왔다. 미국 시장에 투자한다는 것은 단순한 '국가 분산'을 넘어 세계 최고의 기술, 소비, 금융 기업들의 성장에 동참하고 주주 친화적인 제도와 투명한 자본시장에 장기 투자하면서 자산을 성장시킨다는 의미가 있다.

일본의 잃어버린 30년간 일본과 미국의 투자 수익성

구분	엔/달러	주가 지수		지수 ETF 투자	
		니케이	S&P 500	니케이	S&P 500
1994년 말	100엔	19,723pt	459pt	1,000만 엔	10만 달러
2024년 말	157엔	39,895pt	5,881pt	2,022만 엔	128만 1,000달러
상승률	-36.3%	+102.2% (2배)	+1,181% (13배)	+102.2%	+1,181%
달러 환산				12만 8,800달러	128만 1,000달러
엔화 환산				2,022만 엔	2억 112만 엔
격차			6.5배		10배

(참고: 김경록(2024), 「성장이 멈춘 시대의 투자법」 일부 수정 인용)

일본의 '잃어버린 30년' 사례는 글로벌 분산투자의 필요성을 바로 보여준다. 1994년부터 2024년까지 30년간 일본의 엔화 가치는 36.3% 하락했다. 니케이 지수는 단지 2배 상승에 그쳤다. 같은 기간 미국의 S&P 500 지수는 13배 이상 상승하며 일본 대비 약 6.5배의 성과 차이를 나타냈다. 그러나 더 중요한 것은 환율까지 반영한 실제 투자 성과다. 같은 기간 일본과 미국의 지수 ETF에 투자했다면 환율을 고려한 최종 자산 격차는 무려 10배에 달했다. 단순한 수익률 차이를 넘어 환율 리스크에 대비한 '달러 자산 보유의 중요성'을 분명히 보여주는 교훈이다.

"경제생활은 로컬, 투자는 글로벌"이라는 말처럼 우리는 한국에서 소득을 벌고 소비하며 살아가지만 투자와 저축은 글로벌하게 운용할 필요가 있다. 한국의 저출생과 고령화, 지정학적 위험, 원화 가치 하락 가능성을 고려하면 글로벌 자산과 달러 자산은 장기 투자자에게 필수적인 안전망이다. 국가적으로도 외환위기와 같은 충격 상황에서 국민이 보유한 달러 자산은 강력한 방어막이 될 수 있다.

우리의 자산은 마치 한국 경제가 수출을 통해 성장해 온 것처럼 세계 시장의 성과와 연결될 때 지속적인 성장을 이룰 수 있다. 달러 자산과 미국 시장을 중심으로 한 글로벌 분산투자는 장기 투자자의 자산가치를 키우는 가장 기본적인 전략이다. 그리고 이를 가장 효율적으로 실현할 수 있는 수단이 바로 미국 S&P 500 ETF, 선진국을 대표하는 지수 ETF인 MSCI 월드 ETF(MSCI World ETF), 전 세계 상장기업을 아우르는 뱅가드의 ETF인 뱅가드 토털 월드 ETF(Vanguard Total World ETF)(VT)와 같은 글로벌 지수 ETF다. 다만 글로벌 ETF는 한국증시에 상장된 상품이 많지 않으며 향후 점차적으로 추가 상장될 예정이다.

이머징 시장에 투자할 때는 성장의 함정(growth trap)을 이해하는 것이 특히 중요하다. 투자자들은 경제 성장이 빠른 국가일수록 주가도 더 크게 오를 것이라고 믿는 경향이 있다. 하지만 실증 데이터는 다른 결과를 보여준다. 중국을 비롯한 다수의 신흥국은 높은 성장률에도 불구하고 장기적으로 주식시장의 성과가 부진했으며 장기 투자처로서 적합하지 않았다. 이는 경제 성장과 주식시장 수익률 간 괴리를 보여주는 대표적인 '성장의 함정' 사례다.

경제 성장은 국가 전체의 총소득 증가를 의미하지만 주가 상승은 상장기업의 이익 증가와 주주 환원 구조에 달려 있다. 주식시장이 상장기업들의 자금 조달 창구로서의 역할에 그칠 뿐 주주 환원

내게 가장 중요한 자산은 무엇인가?

인적자산(자신)

금융자산

실물자산(집)

에 인색하고 기업 지배구조가 불투명하며 정치와 금융 환경이 불안정한 이머징 시장에서는 장기적인 주가 상승을 기대하기 어렵다. 따라서 장기 적립식 투자의 최적 전략은 미국과 선진국 시장을 중심으로 하면서 동시에 기축통화인 달러 자산을 통한 글로벌 분산을 실현하는 것이다.

인생 최고 수익은 자기 자신에 대한 투자다

포트폴리오는 단순히 금융자산만이 아니라 인생 전체의 자산 구조 속에서 생각할 필요가 있다. 사람은 누구나 금융자산과 실물자산을 보유하지만 그보다 더 근본적이고 중요한 것은 바로 자기 자신이라는 인적자산이다.

인적자산은 지식과 경험, 건강과 가치관, 평판과 인간관계처럼 눈에 보이지 않는 요소들로 이루어진다. 이것이야말로 모든 소득의 원천이며 금융자산과 실물자산을 만들어내는 기반이다. 워런 버핏이 한 소녀의 질문에 "자기 자신에 대한 투자가 최고의 투자다 The best investment you can make is in yourself."라고 답한 것도 같은 맥락이다.

이 말은 투자의 핵심을 잘 보여준다.

따라서 젊은 시절에는 공부, 실무 경험, 네트워크와 전문성을 쌓으며 자기 자신을 꾸준히 개발해야 한다. 동시에 적은 금액이라도 주가지수 ETF에 정기적으로 투자하는 금융 습관을 길러야 한다. 이러한 자기계발과 금융 습관이 결합될 때 사회적 경륜이 깊어지는 시점에 성숙한 투자자로서 더 큰 성과를 거둘 수 있다. 어쩌면 이것이 내 인생의 자산 형성을 위한 장기 복리 시스템을 지키는 분산투자 원칙에서 가장 중요한 것이라 할 수 있다.

주식 투자란 단순히 금융자산을 불리는 과정이 아니다. 복리를 믿고 꾸준히 축적하면서 시간과 노력을 자기 자신에게 투자하여 능력을 개발하고 각 분야에서 전문가로 성장하는 것, 그것이야말로 가장 안정적이고 풍성하게 자산을 형성하며 가치 있는 인생을 설계하는 길이다.

투자 인사이트

분산과 자산 배분으로 투자 리스크를 줄인다

- 투자의 리스크를 줄이는 가장 지혜로운 방법은 '포트폴리오 구성을 통한 분산'이다. 시장 흐름을 정확히 예측하는 것은 불가능하다. 그래서 중요한 것은 '예측'이 아니라 '대비'다. 다양한 상황에 대비해 자산을 나누는 분산 전략은 리스크를 줄이면서 복리 수익의 기반을 지켜주는 보호막이다.

- 투자 성과의 90% 이상은 '자산 배분'에서 결정된다. 수익성 자산인 주식이 미래의 부를 결정한다.

- 주식 분산투자에는 3대 원칙이 있다.
    ① 종목 분산: 업종, 규모, 스타일이 서로 다른 종목으로 구성
    ② 시점 분산: 적립식 투자로 평균 단가를 낮추고 감정 통제
    ③ 지역·통화 분산: 미국 중심의 글로벌 분산과 달러 자산 보유

- 가장 중요한 자산은 '자기 자신'이다. 사람이 보유한 자산은 인적자산, 금융자산, 실물자산이다. 인적자산은 모든 자산과 금융 전략의 기반이다.

3장

심리적 오류와
행동 편향을 이해해야 한다

주가가 오르면 욕심이 앞서고 떨어지면 두려움에 팔아버리는 일이 반복된다. 머리로는 장기 투자가 맞는다는 걸 알면서도 현실에서는 단기 수익에 마음이 흔들린다. 투자 실패의 원인은 대부분 지식 부족이 아니다. 감정과 본능에 휘둘려 일관성을 잃는 행동 때문이다.

주식시장은 비합리적 인간들이 모여 주식이라는 증권을 매매하는 곳이다. 사람들의 기대, 두려움, 그리고 탐욕과 공포가 교차하며 버블과 붕괴가 주기적으로 반복된다. 성공적인 투자를 위해서는 인간의 한계에서 비롯된 심리적 오류와 행동 편향을 이해해야 한다. 그리고 자신의 투자 행동을 돌아보며 이를 극복할 수 있는 원칙과 방법을 익혀야 한다.

앞서 살펴본 투자 이론은 출발선에 불과하다. 지식은 비교적 빠르게 배울 수 있다. 하지만 겸손, 절제, 인내는 실수와 실패를 통해야만 길러지는 무형의 자산이다. 이 장에서는 행동재무학의 주요 연구 결과를 토대로 투자자 심리와 행동 편향을 살펴보고 개인투자자가 실패하는 이유와 성공에 다가설 방법을 모색한다.

"주식 투자는 마음 사업이다."

마음을 다스리는 힘이야말로 장기적 성공으로 이끄는 핵심 열쇠다.

1
인간의 한계를 인정하고 겸손해야 한다

시장을 이기기 전에 먼저 나 자신을 이겨야 한다. 주식시장에는 경제 뉴스, 기업 정보, 유튜브 콘텐츠가 넘쳐난다. 투자 공부를 열심히 하고 시황을 빠짐없이 따라가며 데이터를 분석하는 사람도 많다. 그러나 실전에서 꾸준히 수익을 내는 사람은 많지 않다. 왜일까?

그 이유는 '투자자의 심리'와 '행동 편향bias'에 있다. 사람은 누구나 비합리적인 존재다. 손실을 회피하려 하고 자신의 판단을 과도하게 확신한다. 듣고 싶은 정보만 받아들이고 남들이 가는 방향으로 따라 움직인다. 이처럼 본능적으로 반복되는 심리적 패턴은 실전 투자에서 때로는 치명적인 결과를 만든다.

그래서 손실 회피와 정박 효과, 대표성 휴리스틱, 자기 과신과 확증 편향, 군집 행동, 그리고 운과 실력의 문제 등 주식 투자와 관련한 여러 가지 심리와 행동 편향을 알고 있는 게 좋다. 특히 '운과 실력'의 경계를 점검함으로써 수익에 들뜨지 않고 자만을 경계하는 겸손한 태도를 함께 익혀야 한다.

무엇보다 중요한 것은 감정을 다스리고 원칙을 지켜내는 내면의 힘이다. 이 힘은 책에서 배우는 개념이 아니라 실전에서 흔들리고 실패하면서 체득되는 마음의 기술이다. 나 또한 지난 35년간 주식 시장에 몸담으며 수많은 실수와 좌절을 겪었다. 이 글을 쓰는 이유도 실패를 통해 배운 교훈을 나누고 실수를 줄이는 방법을 제시하기 위함이다. 성공적인 투자자는 정보를 많이 아는 사람이 아니라 감정을 통제하고 원칙을 지켜낼 줄 아는 사람이다.

비합리적 인간의 오류와 편향을 이해한다

전통적인 금융 이론은 시장과 투자자가 모두 합리적으로 움직인다고 가정한다. 이를 대표하는 개념이 바로 앞서 말한 '효율적 시장 가설'이다. 이 가설에 따르면 시장 가격은 항상 모든 정보를 반영하며 투자자는 이성적으로 의사결정을 하므로 시장을 예측하거나 초과 수익을 얻는 것은 불가능하다.

그러나 실제 시장은 다르게 움직인다. 투자자들은 손실을 회피하려는 본능 그리고 공포와 탐욕에 흔들리는 감정에 따라 행동한다. 거시 경제나 기업의 본질가치보다 '사람들의 심리'가 시장을 좌우하는 경우가 훨씬 많다. 이처럼 현실의 시장이 비합리적으로 움직인다는 관점에서 등장한 것이 행동재무학behavioral finance이다. 행동재무학에 따르면 시장은 이론처럼 완벽하지 않다. 주가는 때로 과도하게 오르고 때로는 지나치게 떨어진다. 그 이면에는 뉴스와 루머에 과잉 반응하는 투자자들의 감정과 비이성적 행동이 있다. 시장을 올바로 이해하기 위한 첫걸음은 인간인 '자기 자신'을 이해하는 데서 시작된다.

먼저 손실 회피loss aversion와 정박 효과anchoring bias에 대해 알아보자. 인간은 손실 회피 성향이 있다. 이익보다 손실에 두 배 이상 더 민감하다. 투자자들은 수익의 기쁨보다 손실의 고통을 훨씬 더 강하게 느낀다. 전망 이론prospect theory에 따르면 같은 크기의 이익과 손실이 주어졌을 때 손실에서 느끼는 고통은 이익에서의 기쁨보다 약 2~2.5배 더 크게 작용한다. 예를 들어 100달러를 벌었을 때의 만족감보다 100달러를 잃었을 때의 상실감이 2~2.5배 더 크다는 것이다. 이러한 심리적 비대칭성은 실제 투자 행동으로 이어진다. 투자자들은 손실이 난 주식은 매도하지 않고 "기다리면 오를 것"이라며 버티는 반면에 수익이 난 종목은 일찍 매도하여 이익을 빠르게 확정짓는 경향을 보인다. 결과적으로 이익은 작게 손실은 크게 남는 구조가 반복된다.

정박 효과는 매입가라는 심리적 닻에 고정된 판단을 뜻한다. 사람이 어떤 판단을 내릴 때 특정 기준점, 즉 닻에 지나치게 의존하는 심리적 편향을 말한다. 투자자에게 가장 흔한 닻은 '매입 가격'이다. 많은 투자자는 '본전까지는 기다리자.'라는 생각에 매도를 미루고 객관적인 재평가 대신 매입 가격에 집착한다. 매입 가격을 기준으로 한 의사결정은 때로는 회복 불가능한 손실을 키우는 원인이 될 수 있다.

한 투자자가 A 기업 주식을 10만 원에 매입했는데 주가가 7만 원으로 하락했다고 하자. 이때 실적이나 가치평가보다 '10만 원까지는 회복해야 해.'라는 생각에 매도를 미룬다. 심지어 평균 매입가를 낮추기 위해 추가 매수(물타기)까지 시도한다. 그러나 만약 하락이 실적 악화나 산업 변화에서 비롯된 것이라면 이러한 물타기는 냉철한 분석이 아니라 감정적 대응일 뿐이다. 사람은 누구나 손실을 피하고 본전을 찾고 싶어 한다. 그러나 투자 판단의 기준은 과거가 아닌 현재여야 한다. '지금 이 기업의 가치가 어떤가?' '지금 이 가격에 투자할 이유가 충분한가?' 이 두 질문이 판단의 기준이 되어야 한다. 매입가는 투자 판단의 기준이 될 수 없다.

실전에서 기억해야 할 교훈은 명확하다. 첫째, 매입가는 잊어야 한다. 과거의 가격은 현재의 가치와 무관하다. 둘째, 본전 심리를 경계해야 한다. 감정적인 집착은 손실을 오히려 확대시킨다. 셋째, 가치에 대한 확신이 없다면 물타기는 금물이다. 하락의 원인을 분석하지 않은 채 평균 단가만 낮추려는 시도는 위험하다. 넷째, 손절 기준을 미리 정해야 한다. 예컨대 -10%와 같이 기계적인 원칙을 미리 설정해 두면 감정에 휘둘리지 않고 대응할 수 있다.

특히 초보 투자자는 '물타기'를 조심해야 한다. 주가 하락의 배경에는 자신이 모르는 정보나 구조적 요인이 숨어 있을 가능성이 크다. 기업가치에 대한 확신이 없다면 물타기보다는 손절매가 더 현명한 선택이다. 본전 찾기에 집착한 무리한 물타기는 더 깊은 손실로 이어질 수 있다. 성공적인 투자자는 감정을 이기는 사람이다. 판단의 기준은 내가 산 가격이 아니라 그 주식의 현재가치와 미래 가능성이어야 한다.

그다음으로 대표성 휴리스틱representativeness heuristic이 있다. 사람은 모든 정보를 꼼꼼하게 분석하지 않는다. 시간은 부족하고 정보는 넘쳐나기 때문에 뇌는 빠르게 판단하는 지름길을 활용한다. 이것을 '휴리스틱heuristic'이라고 부르며 일종의 직관적 판단법이다. 복잡한 결정을 단순화해 주지만 동시에 오류를 낳기도 한다.

대표성 휴리스틱은 어떤 기업이나 사건이 익숙하거나 자주 본 것처럼 느껴지면 내용까지 믿게 되는 심리적 오류를 말한다. 쉽게 말해 겉모습이나 일부 특징이 어디서 본 듯 익숙하거나 성공 사례처럼 보이면 그 본질도 좋을 것이라고 착각하게 되는 것이다. 예를 들어 과거에 성공한 기업가가 새로 시작한 사업도 반드시 성공할 것이라고 믿는다든지, 유명한 인플루언서가 언급한 종목은 좋은 주식일 것으로 추정한다든지, 잘 알려진 기업의 주식이라면 투자 성과도 좋을 것이라고 기대한다든지 하는 경우가 전형적인 사례다.

대표성 휴리스틱의 문제는 '겉으로 익숙하고 성공해 보이는 이미지'가 본질까지 담보하는 듯한 착각을 불러온다는 점이다. 그러나 투자자는 '느낌'이나 '직관'이 아니라 기업의 경쟁력, 성장 가능성, 재무구조와 같은 객관적이고 검증된 정보에 근거해야 한다. 겉모습보다 본질을 보아야 하며 CEO의 명성이나 브랜드와 이미지보다 숫자와 내용이 더 중요하다. 과거의 성공은 미래를 보장하지 않는다. 특히 '대표 기업'이나 '국민주'라는 표현은 실제 가치를 반영하지 않는다. 유명세와 이미지에 속지 않고 본질을 꿰뚫어 보는 눈이 필요하다.

자기 과신과 확증 편향도 주의해야 한다. 먼저 '내가 더 잘 안다.'라는 착각인 자기 과신에 빠진 사람들이 많다. 많은 투자자가 자신의 정보 해석 능력, 분석력, 예측력에 대해 지나친 자신감을 가진다. 특히 투자 초기에 몇 차례 수익을 경험한 사람일수록 자신의 판단 능력을 실제보다 더 뛰어나다고 평가하는 경향이 있다. 이러한 심리적 경향을 자기 과신 편향overconfidence bias이라고 한다.

'내 판단은 틀릴 리 없다.' '내 정보는 정확하다.' '이 종목은 반드시 오른다.' 등의 생각이 반복되면 투자자는 자연스럽게 자신의 판단을 절대시하게 된다. 그 결과 불필요한 매매의 증가, 빚투와 레버리지 상품의 활용, 소수 종목 집중 투자로 이어지며 오히려 리스크가 커지고 수익률은 떨어지게 된다.

자기 과신이 만들어내는 전형적인 행동은 세 가지다. 첫째, 매매가 지나치게 잦아진다. 자신이 시장 흐름을 읽을 수 있다고 믿는 사람일수록 단기 타이밍 매매를 시도하게 된다. 그러나 거래가 많을수록 수수료와 세금이 누적되고 장기 수익률은 오히려 저조해진다. 여러 연구에 따르면 젊은 남성 투자자들일수록 자기 과신 경향이 강해 거래 빈도가 가장 높고 실제 수익률은 가장 낮은 그룹으로 밝혀졌다. 둘째, 집중 투자와 레버리지 비중이 높아진다. 자신의 분석이 옳다고 확신할수록 경계심은 약해진다. 특정 종목에 몰입하거나 레버리지 ETF, 파생상품, 심지어 빚투로까지 이어지곤 한다. 셋째, 실패를 인정하지 않는다. 손실이 발생해도 "일시적인 하락일 뿐이다." "운이 없었다."라고 해석하며 자신의 판단에는 문제가 없다는 믿음을 유지하려 한다. 이러한 태도는 자기반성과 학습을 방해하고 결국 같은 실수를 반복하게 만든다.

다음은 확증 편향confirmation bias이다. 즉 보고 싶은 것만 본다는 것이다. 자기 과신은 종종 확증 편향이라는 또 다른 심리 오류와 결합한다. 확증 편향은 이미 내린 결정을 지지하는 정보만 선택적으로 받아들이고 반대되는 정보는 무시하거나 축소해서 해석하는 경향이다. 예를 들어 A기업의 성장성을 확신해 주식을 매수한 투자자는 이후 유리한 뉴스와 긍정적 분석만 찾아본다. 반대로 실적 경고나 산업 변화 같은 부정적 신호는 '일시적 문제' '언론의 과장'으로 치부하며 불안을 외면한다. 이러한 태도는 합리적 판단을 가로막고 손실을 확대시켜 결국 더 큰 실패로 이어진다.

실제로 과신과 확신이 낳은 사실 왜곡과 집착은 주위에서 종종 볼 수 있다. 한 투자자가 '화학업종에 자신이 있다.'라고 믿고 있었다. 과거에 이 분야에서 수익을 낸 경험이 있었고 최근에는 A사 주식에 집중적으로 투자했다. '화학산업에 대해 누구보다 잘 안다.'는 확신으로 시장 전망이나 객관적 분석보다 자신의 직감과 경험에 의존하여 매수 결정을 내렸다.

주가가 하락하고 있었지만 산업의 근본적 변화를 간과한 채 과거의 성공 경험만 믿었다. A사 관련 뉴스 중에서도 긍정적인 정보만 선택적으로 받아들이며 하락을 오히려 비중 확대의 기회로 여겼다. 그러나 중국의 공급과잉에 따른 화학산업의 구조 변화와 경쟁 심화로 A사의 실적은 회복되지 않았고 주가도 장기간 하락했다. 결국 그는 판단을 끝까지 고수하다가 큰 손실을 보고서야 비로소 매도를 결정했다.

이 사례는 자기 과신과 확증 편향이 어떻게 객관적 정보보다 '내가 보고 싶은 대로 보는 심리'를 강화하는지를 보여준다. 두 편향은 투자자가 자신의 판단을 검증하지 못하게 만들고 시장의 현실보다 자기 믿음을 따르게 만든다. 중요한 투자 결정을 내릴수록 "혹시 내가 보고 싶은 것만 보고 있는 것은 아닐까?"라는 질문을 스스로에게 던져야 한다. 의심은 확신을 무너뜨리는 것이 아니라 더 정교한 판단으로 가는 길이다. 의심하고 질문할 줄 아는 태도가 현명한 투자자의 자세이다.

군집 행동herding behavior도 경계해야 한다. 과연 모두가 가는 길이 '정답'인지 의문을 품는 것이다. 사실 대중의 열광 뒤에는 냉정한 손실이 기다리는 경우가 많다. 주식시장에서 가장 강력한 변수는 결국 '사람의 심리'다. 그중에서도 가장 흔하게 나타나는 심리적 오류가 바로 군집 행동이다. 다수가 특정 방향으로 움직일 때 그 방향이 옳다고 믿고 무작정 따르는 현상이다.

'다수가 선택한 길이 틀릴 리 없다.' '나만 빠지면 손해를 본다.'라는 생각이 작동하면 사람들은 점점 더 감정적이고 집단으로 행동하게 된다. 군집 행동은 유행과 열풍을 만들고 때로는 거품을 낳으며 결국 거품이 꺼질 때 큰 손실로 이어진다.

2023년에 한국증시에서는 이차전지 관련 기업들의 주가가 급등했다. 개인투자자들은 '이 종목 안 사면 뒤처진다.'라는 불안과 탐욕에 휘말려 앞다투어 매수에 나섰다. 유튜브, 커뮤니티, 언론은 연일 자극적인 표현으로 열풍을 부추겼고 투자자들은 그 흐름에 휩쓸렸다. 그러나 이러한 군중 심리는 오래가지 못했다. 실적 우려가 드러나고 수급이 무너지자 주가는 급락했다. 뒤늦게 뛰어든 개인투자자들은 큰 손실을 떠안았다. 대중의 열광에 편승한 결과는 예고된 실패였다.

군집 행동은 불확실성 속에서 느끼는 불안과 소외에 대한 두려움에서 비롯된다. 인간은 본능적으로 다수와 다른 결정을 내리는 데 큰 압박을 느낀다. 상승장에서는 '지금 안 사면 더 오른다'고 불안해하고 하락장에서는 '다 팔았는데 나만 갖고 있다'는 공포를 느껴 군집 행동을 더욱 자극한다.

군집 행동이 만들어내는 열풍은 일시적이다. 시장은 늘 사람들이 몰리는 '유행'을 만들어낸다. 그 중심에는 공통된 감정과 분위기가 있다. 이때 투자자가 자신의 기준 없이 움직이면 다른 사람이 만든 감정의 흐름에 자신의 자산을 맡기게 된다. "모두가 사니까 나도 산다."라는 말은 결국 "모두가 손해 볼 때 나도 손해 본다."라는 말로 되돌아온다.

군중의 흐름에서 벗어나기 위한 투자 전략으로는 역발상 투자와 가치투자가 있다. 역발상 투자는 시장이 과열될 때 매도하고 시장이 외면할 때 저평가된 자산을 매수하는 방식이다. 가치투자는 기업의 본질적 가치를 분석하고 소외된 저평가 종목에 분산투자를 하는 방식이다. 두 전략 모두 공통으로 '남들과 반대되는 시각'과 '자신의 기준을 지키는 내면의 힘'을 필요로 한다.

군집 행동은 인간의 본능이며 극복하기 어려운 심리적 압력이다. 하지만 자신만의 기준 없이 군중을 따라가면 결국 손실로 이어질 수 있다. 성공적인 투자는 군중과의 거리, 고독을 견디는 능력, 그리고 자신만의 원칙을 지키는 태도에서 비롯된다. 주식 투자에서는 모두가 가는 길이 정답은 아니다. 고독을 견디며 다른 길을 선택할 용기에서 기회는 시작된다.

투자의 진짜 실력은 겸손이다

투자 성과는 과연 실력일까, 아니면 운 때문일까? 단기적으로 수익을 내면 우리는 흔히 '내 판단이 정확했다.' '내 전략이 통한 거야.'라고 생각한다. 하지만 과연 그 수익이 실력 덕분이었는지, 아니면 우연히 행운이 따라준 것인지 자신에게 냉정히 되묻는 경우는 많지 않다.

많은 초보 투자자들이 투자 초기에 예상 밖의 수익을 경험한다. 이것을 흔히 '초보자의 행운 beginner's luck'이라 부른다. 하지만 이 행운은 기쁨이 아니라 오히려 위험의 시작일 수 있다. 대부분의 이러한 수익은 시장의 전반적인 상승 흐름이나 우연한 종목 선택 덕분일 수 있다. 그런데 초보자는 이를 자신의 판단력과 실력 덕분이라고 착각한다. 그 결과 더 큰 금액을 투자하거나 레버리지를 활용하고 자신의 전략을 과잉 확신하는 데까지 이르게 된다. 시장에 대해 충분히 알기도 전에 경험한 '성공의 착각'은 불행하게도 이후 더 큰 손실로 돌아오기 쉽다.

투자자는 수익이 날 때 냉정하게 자신에게 질문해 봐야 한다. "이 수익은 진짜 내 실력이었을까?" "다음에도 반복될 수 있을까?" 라고 말이다. 이러한 질문이 운을 실력으로 착각하는 위험에서 벗어날 수 있게 한다. 투자의 진짜 실력은 바로 겸손이다. 워런 버핏은 "시장은 겸손한 자에게는 생존을 허락하고 오만한 자에게는 교훈을 준다."라고 말했다. 투자에서 진정한 실력은 자신이 틀릴 수도 있다는 전제를 받아들이고 언제든 운이 개입할 수 있음을 인정하는 겸손한 자세에 있다.

겸손한 투자자는 몇 가지 태도를 실천한다. 자신의 판단이 틀릴 수 있음을 항상 염두에 두고 행운이 개입했는지를 먼저 점검한다. 그리고 단기 성과보다 과정과 원칙을 중시한다. 또한 반복할 수 있고 검증할 수 있는 전략만 신뢰한다. 이러한 태도들이 모여 장기 생존을 가능하게 한다.

겸손을 행동으로 옮기는 가장 현실적인 방법은 분산투자와 안전 마진의 원칙을 지키는 것이다. 투자 결과에는 언제나 우연한 요소가 개입할 수 있다. 특정 종목이나 시점에 자산을 집중하면 뜻밖의 불운한 사건 하나로 전체 자산이 무너질 수 있기 때문에 분산투자를 해야 한다. 그리고 불확실한 세상에서 모든 예측은 틀릴 수 있다는 전제하에 항상 최악의 시나리오를 대비하는 안전마진의 사고법으로 장기 생존의 조건을 마련해야 하는 것이다.

시장을 이긴 사람은 자신과의 싸움에서 이긴 사람이다

주식 투자는 숫자의 게임처럼 보이지만 실상은 '마음의 싸움'이다. 많은 투자자가 책을 읽고 강의를 들으며 주식을 공부한다. 그러나 실제 투자에 들어가면 감정에 휘둘리고 원칙을 지키지 못한다. 같은 실수를 반복하며 자신을 탓한다.

그것은 나만의 문제가 아니다. 사람이라면 누구나 흔들린다. 손실이 나면 본전을 찾고 싶고 친구가 돈을 벌었다는 소문을 들으면 나도 따라서 하고 싶어진다. 조금 벌면 더 벌고 싶고 잃으면 빨리 복구하고 싶어진다. 이 모든 심리적 반응은 아주 자연스럽고 인간적이다. 그래서 투자는 지식보다 마음 훈련이 더 중요하다. 인간의 본능을 인정하되 그 본능을 넘어서려는 싸움에서 이겨야 한다. 지금까지 투자에서 겪은 아픈 경험 또한 소중한 자산이다. 실패 자체는 문제가 아니며 같은 실패를 반복하는 것이 진짜 문제다.

투자자는 스스로에게 이런 질문을 던져야 한다.

"나는 이 종목을 왜 사는가?"

"지금 감정에 반응하고 있는가, 아니면 분석으로 판단하고 있는가?"

"가치가 아니라 가격에만 집착하고 있는 건 아닐까?"

"명확한 계획 없이 충동적으로 매매하고 있는 것은 아닌가?"

시장을 이긴 사람은 먼저 자신을 이긴 사람이다. 겸손을 유지하고 욕심을 조절하며 감정 대신 원칙을 지키려고 부단히 노력하는 사람이다. 주식 투자는 결국 마음을 다스리는 사업이다.

 **투자 인사이트**

감정에 휘둘리지 않는 힘

- 인간은 비합리적이며 실수와 실패를 반복하는 나약한 존재다. 심리적 오류와 편향된 투자 행동을 극복하기 위해서는 자신의 한계를 인정하고 투자 원칙과 기준을 준수하는 자세가 중요하다.

- 대표적인 심리적 오류와 행동 편향으로는 손실 회피와 정박 효과, 대표성 휴리스틱, 자기 과신과 확증 편향, 군집 행동이 있다.

- 운을 실력으로 착각하지 않는다. 주식 투자는 운의 영역이 크므로 겸손해야 한다. 초보자의 행운은 큰 손실로 이어질 수 있으므로 조심한다.

- 심리 오류를 극복하는 자세를 갖춰야 한다.
    - 감정 변화를 인식하고 원칙과 기준대로 행동한다.
    - 겸손이 곧 실력이다. 분산투자와 안전마진을 지킨다.
    - 실력을 과신하지 말고 운을 인정한다.
    - 감정보다 기준, 소문보다 분석, 가격보다 가치를 중요하게 여긴다.
    - 역발상 사고와 가치투자를 실천한다.

2
개인 투자자는 왜 실패하는가

　한국 주식시장에서 개인투자자의 90% 이상이 손실을 경험하며 꾸준히 수익을 내는 투자자는 10%에도 미치지 못한다는 분석이 있다. 왜 이렇게 많은 사람이 주식 투자에 실패하는 것일까? 사람들은 흔히 시장 탓을 한다. 또는 제도가 잘못되었다고 말한다. 외국인과 기관이 자금과 정보 면에서 우위를 점하고 작전 세력과 테마주가 기승을 부리며 투자자 보호는 미흡하다고 지적한다. 이러한 비판은 일정 부분 타당하다. 실제로 한국의 주식시장은 개인투자자에게 불리한 '기울어진 운동장'이다. 그러나 우리는 이 질문을 다시 던져야 한다.
　"그럼에도 나는 어떻게 행동해야 하는가?"
　시장이 완벽해지기를 기대할 수는 없다. 정부가 문제를 인식하고 개선하려 하지만 제도와 정책이 바뀐다고 해서 시장이 하루아침에 달라지지는 않는다. 그러므로 시장과 제도를 탓하기 전에 먼저 자신의 행동을 점검해야 한다.

실제로 투자 성과를 좌우하는 것은 '무엇을 샀는가?'가 아니라 '어떻게 행동했는가?'에 달려 있다. 같은 종목을 사더라도 조급하게 사고팔고 본전 심리에 집착하며 유행하는 유튜브 영상에 따라 움직이는 투자자는 좋은 결과를 기대하기 어렵다. 반대로 불완전한 시장 속에서도 일관되고 합리적인 원칙에 따른 행동을 한 투자자는 결국 성과를 거둔다. 투자 성공은 종목 선정이 아니라 태도와 행동의 일관성에서 비롯된다.

투자를 지배하는 감정의 악순환에서 벗어나야 한다

한국의 개인투자자는 대체로 세 부류로 나눌 수 있다. 첫째, 지분을 보유한 오너나 특수관계인으로 이루어진 대주주 투자자는 경영권과 맞물린 전략을 구사한다. 둘째, '큰손' 투자자들은 개별주식은 물론 파생상품과 공매도까지 활용한다. 그만큼 정보 접근성이 뛰어나 특정 종목의 주가 흐름에까지 영향을 미치기도 한다. 마지막으로 가장 큰 비중을 차지하는 집단은 소규모 자금을 운용하는 일반 개인투자자들로서 대체로 감정적인 매매 패턴을 보인다.

한국 개인투자자의 대표적인 투자 특성은 테마주 중심의 단기매매다. 기업의 본질가치를 분석하고 투자하기보다는 테마성 인기 종목을 트레이딩하는 행태가 일반적이다. 특히 코스닥 시장에서 이러한 특성은 더욱 두드러진다. 개인투자자 비중이 80%를 넘어설 뿐 아니라 하루 만에 사고파는 당일 매매 비중도 절반을 웃돈다. 국내외 실증분석에서 입증된 바와 같이 단기 매매 비중이 높을수록 수익률은 오히려 낮아진다.

이러한 투자 행태는 근본적으로 감정과 심리적 편향에서 비롯된다. 투자 초보자, 특히 30대 직장인들은 시간이 부족한 반면에 기대는 크다. 유튜브에서 본 추천 종목, 단톡방에서 공유된 급등주, 뉴스에 등장한 시장 테마가 곧장 매수 버튼으로 이어진다. 분석이 아니라 조급함과 감정이 투자의 시작점이 되는 것이다.

투자를 지배하는 감정의 악순환에서 벗어나야 한다. 30대 직장인 A씨는 점심시간에 친구로부터 '스테이블코인' 관련 주식으로 큰 수익을 봤다는 얘기를 들었다. 퇴근하자마자 유튜브를 확인한 그는 다음 날 곧장 소액을 투자했고 단숨에 30% 수익을 냈다. 그는 자신감을 얻어 더 큰 금액을 넣었지만 주가는 곧 50% 가까이 급락했다. 지금은 추가 매수로 물타기를 고민하며 원금 회복만을 초조하게 기다리고 있다. 이 과정에서 A씨는 자신도 모르게 다음과 같은 심리적 흐름을 따라가고 있다.

- 남들이 돈을 번다는 소식에 조바심을 느낀다(포모FOMO).
- 주가 상승 전망에 끌려 매수한다(정보 매매).
- 소액 성공 후 '자기의 실력'이라 믿고 큰돈을 투자한다(자기 과신).
- 하락 시 본전 심리에 묶여 손실을 키운다(손실 회피, 정박 효과).

- 겨우 원금 회복 시점에서 안도하며 매도한다(손실 회피).
- 다시 상승장이 오면 주저하다 조바심에 막차를 탄다(군집 행동).
- 주가가 고점에서 하락하며 같은 패턴을 반복한다(투자의 악순환).

이것이 감정이 만들어내는 전형적인 투자 루틴이다. 주가는 냉정하게 움직이지만 투자자는 불안정한 감정에 따라 반응한다.

더 큰 문제는 이러한 행동이 집단적으로 반복된다는 점이다. 2020년 '동학 개미운동'이 대표적이다. 코로나 팬데믹 충격으로 주가가 급락 후 반등을 시작하자 개인투자자들이 일부 유튜버들의 애국심 고취에 동요되어 대거 시장에 뛰어들었다. 그러나 그 이면에는 테마주 추종, 빚투, 리딩방 의존, 조급함이 자리하고 있었다. 일부는 수익을 냈지만 준비 없이 시작한 젊은 세대는 큰 손실을 경험했다. 희망은 넘쳤으나 투자 원칙과 감정 조절은 부족했던 것이다.

투자자는 시장보다 먼저 자신의 감정을 직시하고 다스릴 수 있어야 한다. 그것이 실패를 반복하지 않는 유일한 길이다. 감정을 통제하는 힘이야말로 투자자의 가장 중요한 역량이다.

한국 주식시장은 개인에게 불리한 기울어진 게임판이다

개인투자자가 주식시장에서 성공하기 어려운 이유는 단순히 투자 실력이 부족해서가 아니다. 한국 주식시장 자체가 구조적으로 개인에게 불리한 게임판이기 때문이다. 한국증시는 외국인 투자자가 주도하는 전형적인 자금의 수급 중심 시장이다. 대형주와 주요

지수 종목은 대부분 외국인 투자자 자금의 흐름에 의해 주가의 방향성이 결정된다. 국내 기관투자자의 영향력은 제한적이며 자금력이 부족한 개인투자자는 결국 인기 테마주를 좇는 코스닥과 중소형주의 단기 매매에 치중하는 경우가 많다.

정보 격차는 더욱 심각하다. 외국인 투자자는 다양한 채널을 통해 신속하고 정교한 정보를 입수하고 분석할 수 있는 체계적인 시스템을 갖추고 있다. 반면 개인은 뉴스 기사, 유튜브, 온라인 커뮤니티 같은 공개된 정보에 주로 의존한다. 게다가 많은 정보는 이미 주가에 반영된 후 시장에 노출된다. 개인투자자는 뉴스와 공시 이후에야 기업 상황을 인식하며 그마저도 회계 지식, 재무구조, 산업 이해가 부족한 상태에서 단편적인 정보에 의해 판단을 내린다.

특히 코스닥 시장은 소위 '작전 세력'이 활동하기 좋은 구조적 취약성을 지니고 있다. 현재 1,800개 이상의 종목이 상장되어 있으며 매년 100여 개 기업이 새로 진입한다. 하지만 그중 상당수는 기관이나 외국인의 관심 밖에 있으며 애널리스트 리포트조차 없다. 정보 비대칭과 낮은 유동성을 이용해 일부 세력은 리딩방, 유튜브, 커뮤니티를 통해 특정 종목을 띄운 뒤 개인 매수세가 몰리면 조용히 빠져나가는 방식으로 수익을 실현하곤 한다.

문제는 개인투자자가 이런 구조를 모르거나 알면서도 '이번만은 다를 것이다.'라는 기대에 사로잡혀 같은 패턴을 반복한다는 점이다. 소액으로 수익을 본 뒤 자신감을 얻고 큰 금액을 투자하는 순간 주가는 급락하며 손실이 발생한다. 개인의 투기 심리와 왜곡된 시장 구조가 결합되어 반복적으로 나타나는 전형적인 투기적 행태다. 이와 같이 한국 주식시장은 공정한 시장이라기보다는 개인에게 불리한 기울어진 게임판에 가깝다. 그렇다면 답은 분명하다. 시장을 바꿀 수 없다면 자신의 판단 기준과 행동 전략을 바꿔야 한다.

한국의 증권시장은 누구에게나 열려 있다. 누구나 증권 계좌를 개설하고 스마트폰 하나로 손쉽게 주식에 투자할 수 있는 시대다. 그러나 개인투자자를 지켜줄 안전장치는 놀라울 만큼 부족하다. 정확히 말하자면 개인투자자는 '두 번 방치'되어 있다.

첫 번째 방치는 투자자가 제대로 배우지 못한 채 시장에 들어선다는 것이다. 투자자 대부분 제대로 된 금융 교육을 받지 못한 채 주식 투자를 시작한다. 학교에서는 주식과 채권의 개념, 복리의 원리, 분산투자의 의미, 기초적인 가치평가 기법, 리스크 관리의 기본조차 가르치지 않는다. '투자'와 '투기'의 경계조차 불분명한 상태에서 유튜브, SNS, 단톡방에서 접한 자극적인 정보에 의존해 매매를 시작한다.

특히 2030세대는 디지털 기기를 능숙하게 활용하며 손쉽게 주식 투자를 시작한다. 그러나 그 이면에는 빨리 부자가 되고 싶다는 조급함, 자산 격차에 대한 불안, 그리고 충분한 학습 없이도 할 수 있다는 자신감이 자리하고 있다. 한국은 세계에서 가상자산 투자자 비중이 가장 높은 국가 중 하나이고 2030세대의 주식 투자 참여율도 급속히 증가하고 있다. 하지만 이들이 의존하는 정보 채널은 기술적 분석과 급등주 소개처럼 초보 투자자를 유혹하는 콘텐

츠로 가득하다. 정작 진짜 투자자가 되기 위한 '기초 학습의 과정'은 생략되어 있다. 그 결과 원칙과 기준 없이 감정과 유행에 휩쓸린 매매가 반복된다. 이것이 개인투자자가 겪는 첫 번째 방치다.

미국은 다르다. 미국 초등학교의 금융 교육 사례를 보자. 미국의 많은 초등학교에서는 금융 교육을 정규 교육과정에 포함하고 있다. 대표적인 예가 일리노이주 시카고에서 시작된 금융 교육 프로그램 '머니 새비 제너레이션Money Savvy Generation'이다. 이 프로그램은 '당신의 돈, 당신의 선택입니다Your Money, Your Choice'라는 슬로건 아래 어린이들에게 돈의 쓰임을 저축save, 소비spend, 기부donate, 투자invest로 구분해서 가르친다. 그리고 이 네 가지 개념을 시각화하기 위해 네 칸으로 나뉜 돼지 저금통을 제공한다.

아이들은 용돈을 네 영역으로 구분하여 직접 분배하며, 부모와 함께 어떤 비율로 저축하고 투자하고 기부할지 상의하는 과정을 통해 금융 지식과 의사결정 능력을 자연스럽게 습득하게 된다. 이처럼 미국은 어릴 때부터 돈의 흐름과 사용법, 금융 지식과 투자하

머니 새비의 돼지 저금통

는 법을 체계적으로 배우고 있다.*

하지만 한국의 초중고등학교에서는 체계적인 금융 교육을 찾아보기 어렵다. 청년들은 사회에 진출한 이후에야 금융 현실을 직접 경험하게 된다. 그 과정에서 많은 시행착오를 겪는다.

두 번째 방치는 감시받지 않는 시장과 보호받지 못하는 투자자다. 배우지 못한 채 시장에 들어선 투자자를 더욱 위험하게 만드는 것은 시장 질서를 지켜야 할 제도와 감시 시스템의 허술함이다. 불공정거래, 시세조종, 미공개 정보 이용, 내부자 거래, 리딩방 사기와 같은 교란 행위에 대한 처벌은 여전히 약하다.

범죄로 수억 원의 이익을 얻더라도 벌금은 수백만 원에 그친다. 자본시장에서 장기간 퇴출당하는 경우는 극히 드물다. 반면 미국과 영국 등 선진국은 자본시장 범죄를 자본주의 근간을 흔드는 중대범죄로 간주한다. 이들은 형사처벌과 막대한 벌금을 병행하고 경우에 따라서는 시장 접근 자체를 원천 차단한다. 강력한 제재가 작동하는 시장일수록 자본시장의 신뢰도와 투자자 보호 수준은 높아진다.

최근 언론 보도에 따르면 지난 5년간 주가조작 사건 판결문 35건을 분석한 결과 70% 이상에서 범죄수익을 특정하지 못해 대부분 징역 1년 6개월에서 3년형에 그친 것으로 나타났다. 수백억 원의 이익을 챙겼다는 의혹에도 처벌은 약했고 재범률 역시 30%에

---

* Money Savvy Generation, www.moneysavvy.com

달한 것으로 보고되었다. 이렇다 보니 "주가조작은 남는 장사"라는 말까지 돌고 있다. 대표적 사례가 2023년 라덕연 일당의 대규모 주가조작 사건이다. 8개 종목을 대상으로 단군 이래 최대 규모라 불릴 만큼 수조 원대의 피해가 발생한 것으로 보고되었다. 하지만 범행이 3년간 이어지는 동안 시장 감시 시스템이 제대로 작동하지 못했다는 지적이 제기되었다. 결국 피해자는 개인투자자였다.

한국의 현실은 범죄의 중대성에 비해 제재 수준이 여전히 미약하다. 그 결과 증권 범죄는 근절되지 않고 개인투자자는 법적·제도적 보호 없이 피해에 고스란히 노출된다. 이것이 개인투자자가 겪는 두 번째 방치다. 이런 불합리한 투자 환경에서 개인은 무엇으로 자신을 지킬 것인가. 교육도 없고 보호도 부족한 시장에서 개인투자자가 생존할 수 있는 유일한 방법은 결국 '스스로 배워서 스스로를 지키는 수'밖에 없다. 정보를 선택하고 해석하는 기준을 세우고 감정을 통제하는 훈련을 하며 투자를 단기 수익이 아닌 장기적 자산 형성의 관점에서 접근해야 한다.

누구도 완벽하게 준비된 상태에서 시장에 들어오지 않는다. 그러나 준비하려는 태도 없이 시장에 뛰어드는 것은 깊이를 알 수 없는 물에 몸을 던지는 것과 같다. 표면은 잔잔해 보여도 밑에는 보이지 않는 급류와 위험이 숨어 있다. 그러므로 진짜 투자자는 스스로 배우고 스스로 지킬 줄 아는 사람이다. 교육과 제도가 완전하지 않더라도 잘 훈련되고 준비된 투자자는 시장에서 살아남을 수 있다.

레버리지 ETF, 전업투자, 미국 개별주식에 대한 착각을 버리자

국내 개별주식 투자에서 반복적으로 실패한 개인투자자들은 더 강하고 자극적인 투자처를 찾는다. 레버리지 ETF, 전업투자, 미국 개별주식 투자가 대표적인 선택이다. 겉보기에는 수익률을 극대화하기 위한 전략처럼 보이지만 실제로는 환상에 기반한 착각일 가능성이 크다. 이 세 가지 선택의 착각을 한번 살펴보자.

첫째, 레버리지 ETF는 유혹이다. 2배, 3배 수익률을 추종하는 레버리지 ETF는 단기간 고수익을 꿈꾸는 투자자에게 강력한 유혹이다. 일례로 '반도체 지수 3배 ETF'나 '개별종목 3배 ETF'는 이름만으로도 투자자의 기대와 욕망을 자극한다. 하지만 단기 수익을 기대하며 접근한 레버리지 ETF 투자는 대개 큰 손실로 이어진다.

레버리지 ETF는 본질적으로 단기 가격 변동을 활용하기 위해 설계된 트레이딩 도구다. 시장이 한 방향으로 강하게 움직일 때만 기대한 수익이 실현되며 반대로 움직이면 손실이 급격히 확대된다. 심지어 주가가 횡보할 때조차 자산가치는 줄어드는 현상이 발생한다. 이런 구조를 모른 채 접근하는 투자자는 2배 수익을 기대했지만 실제로는 2배 손실을 경험할 수도 있다. 레버리지 ETF는 단기 트레이딩에 특화된 상품이므로 복리 기반의 장기 투자 전략과는 본질적으로 맞지 않는다.

레버리지 ETF는 단순히 '더 많은 수익을 더 빨리 내고 싶다.'라는 욕망이 만들어낸 유혹일 뿐이다. 특히 개별종목에 레버리지를 적용한 ETF 투자는 위험이 훨씬 크기 때문에 각별한 주의가 필요하다.

레버리지 ETF의 구조와 한계는 4장에서 보다 상세히 살펴본다.

둘째, 전업투자는 위험한 환상이다. 주식 투자에 대한 자신감이 생기면 많은 이들이 한 번쯤은 '전업투자자가 되어볼까?'라는 생각을 한다. 출퇴근도 없고 상사 눈치도 보지 않으며 오롯이 자기만의 리듬으로 돈을 벌 수 있을 것이라는 환상 때문이다. 하지만 현실은 다르다. 전업투자는 철저히 준비되지 않으면 실패할 가능성이 매우 큰 위험한 선택이다.

실제로 장기간에 걸쳐 꾸준히 수익을 내며 생존하는 전업투자자는 극소수에 불과하다. 이들이 실패하는 가장 큰 이유는 투자 성과보다 생활과 감정이 버티지 못하기 때문이다. 고정 수입이 없으니 생활비 압박이 판단을 흐리게 하고 시장 변동성에 노출된 삶은 불규칙한 수익과 극심한 스트레스를 동반한다. 수익이 나면 들뜨고 손실이 나면 우울해지는 감정 기복의 악순환 속에서 장기적 복리 투자는 불가능해진다. 전업투자는 자산을 불리기보다 감정을 소모하는 싸움이 되기 쉽다.

드물게 성공 사례로 소개되는 사람들도 있다. 하지만 그들 역시 젊은 시절 여러 번 실패를 겪었거나, 금융위기와 같은 극적인 기회를 활용했거나, 혹은 배당 수입만으로도 생활이 가능한 수준의 자산을 이미 갖추고 있었던 경우가 대부분이다. 충분한 자산 규모와 경험이 뒷받침되지 않은 전업투자는 결국 무방비한 도전에 불과하다.

전업투자를 고민한다면 먼저 스스로에게 물어야 한다. 직장이라는 안전망 없이도 심리적으로 버틸 수 있는가? 시장이 하락해 수입이 '0'이 되어도 생활을 유지할 수 있는가? 복리 투자가 아니라 생활비 충당을 위한 현금흐름 투자만으로도 자산을 키울 수 있는가?

내가 관찰한 성공 사례에 비추어볼 때 현실적인 접근은 명확하다. 직장을 기반으로 투자 원칙과 실력을 다져가고 자산 규모가 안정적으로 갖추어진 시점에서 전업을 고려하는 것이다. 전업투자는 투자 실력뿐만 아니라 심리적 회복탄력성과 재정적 준비가 모두 갖춰졌을 때만 가능한 전략이다. 그전까지는 직장과 투자를 병행하는 삶이 가장 강력한 자산 형성을 위한 복리 전략이다.

셋째, 미국 개별주식도 만능 해법은 아니다. 요즘 2030세대 투자자들은 국내 시장에 대한 실망과 불신 속에서 애플, 테슬라, 엔비디아 같은 미국 주식에 큰 기대를 건다. 하지만 이 역시 현실보다 기대가 앞선 환상일 수 있다. 미국 주식도 결국 개별종목 투자다. 기업 분석이 뒷받침되지 않은 확신 없는 투자는 잦은 매매와 손실로 이어질 수밖에 없다. 실제로 한국 개인투자자들이 가장 많이 보유한 테슬라는 높은 변동성 탓에 상당수가 손실을 경험했다.

게다가 미국 주식에는 보이지 않는 장벽들이 존재한다. 기업 자료와 실적 발표뿐만 아니라 뉴스가 모두 영어로 제공되는 언어 장벽, 미국 산업과 기업 및 시장 구조에 대한 이해 부족에서 비롯되는 정보 격차, 그리고 한밤중 거래로 인해 다음날 업무에 지장을 주는 시차 문제 등이다. 직장인이 밤새 시세를 지켜보다 다음날 본업에 집중하지 못한다면 그것은 단순한 투자 리스크가 아니라 곧바로 직장 리스크로 바뀐다.

미국 개별주식 투자의 현실은 냉정하다. 미국 자산운용사의 펀드매니저조차 S&P 500 지수를 장기적으로 초과 달성하는 비율은 10% 미만이다. 전업의 전문 투자가도 넘기 어려운 장벽을 정보, 시간, 자본이 부족한 개인투자자가 뛰어넘기란 사실상 불가능에 가깝다. 미국 주식이라고 해서 '안전'하거나 '정답'인 것은 아니다. 우리가 매일 접하는 한국 기업조차 분석과 이해가 어려운데 언어, 정보, 산업 구조가 다른 미국 기업을 단편적인 뉴스나 유튜브 영상에 의존해 투자하는 것은 투기에 가까운 접근일 수 있다.

미국 주식은 단기 매매나 종목 선택의 대상이 아니다. 복리 투자 관점에서 접근할 때만 의미가 있다. 퇴직연금이나 연금저축계좌를 활용해 S&P 500 ETF에 장기 투자하는 전략이야말로 미국 시장의 성장성과 복리 효과를 안정적으로 누릴 수 있는 가장 현실적인 길이다.

개별주식 장기 보유 전략은 성공하기 어렵다

"좋은 회사를 싸게 사서 오래 보유하라."

주식 투자에서 가장 성공한 인물로 꼽는 워런 버핏의 단순하면서도 강력한 조언이다. 그의 조언은 전 세계 투자자들에게 큰 영향을 미쳤다. 그 결과 투자자들은 개별주식을 오래 보유하는 것이 가장 안정적인 방법이라고 믿게 되었다. 그렇다면 정말 워런 버핏처럼 장기 보유 전략으로 성공할 수 있을까? 특히 한국 시장처럼 경기 민감형 주식이 많고 변동성이 큰 박스권 시장에서 장기 투자가 과연 가능할까?

장기 보유 전략이 성공하기 위해서는 반드시 충족되어야 할 핵심 요건이 있다. 바로 주당순이익EPS의 지속적 성장이다. 기업이 장기간에 걸쳐 주당순이익EPS을 꾸준히 증가시키는 구조를 갖추고 있어야 그 주식의 장기 보유가 의미가 있다. 이를 위해서는 몇 가지 조건이 함께 뒷받침되어야 한다. 무엇보다 기업은 신제품, 신시장, 신사업에 성공적으로 진입할 수 있는 혁신 역량을 갖추어야 한다. 또한 브랜드, 규모의 경제, 네트워크 효과와 같은 경제적 해자를 보유하고 있어야 장기간 경쟁우위를 유지할 수 있다. 여기에 더해 자사주 매입이나 배당 확대와 같은 꾸준한 주주 환원 정책이 병행될 때 주식의 장기 보유가 정당화된다.

이러한 조건이 갖추어진 기업은 시간이 지남에 따라 주가가 복리로 상승할 수 있다. 그러나 현실적으로 이런 기업은 매우 드물다. 모든 기업은 생애주기를 갖고 있으며 성장기에서 성숙기와 쇠퇴기로 이어지는 과정에서 끊임없이 혁신하지 못하면 결국 정체하거나 무너진다. 특히 기술 변화가 빠른 산업일수록 기업의 수명은 짧아지고 불과 3~5년 만에 산업 구조가 급변하며 기존의 강자가 사라지는 경우도 적지 않다. 미국 시장도 예외가 아니다. 1955년 S&P 500에 포함되었던 기업 중에 현재까지 살아남은 기업은 10%도 되지 않는다. 10년마다 약 35%의 종목이 교체된다는 통계는 기업이 장기간 경쟁력을 유지하는 것이 얼마나 어려운지를 보여준다.

한국 시장은 장기 투자를 가로막는 구조적 한계가 있다. 장기 투자는 궁극적으로 기업의 이익 성장, 주주 환원 정책, 그리고 시장의 안정성 위에서 가능하다. 그러나 한국 시장의 구조는 이러한 조건을 충분히 갖추고 있지 않다. 몇 가지 특성을 살펴보면 그 이유가 더 분명해진다. 우선 한국의 상장 기업들은 반도체, 자동차, 화학, 조선 등 경기 순환형 산업에 집중되어 있다. 이러한 산업들은 환율, 원자재 가격, 글로벌 수요 변화에 따라 이익이 크게 흔들린다. 그만큼 변동성이 커서 주당순이익이 안정적으로 증가하기 어렵고 장기 보유에 따른 복리 효과가 작동하기 힘들다. 또한 내수 산업의 성장 한계도 무시할 수 없다. 인구 정체와 고령화는 국내 소비시장을 위축시키고 있으며 내수 기반 기업들의 성장성을 근본적으로 제약한다. 지배구조와 주주 환원 정책 역시 미흡하다. 최근 정부가 상법을 개정하는 등 제도 개선을 시도하고 있지만 지배구조의 실질적 변화, 배당 확대, 자사주 소각 등 주주 환원 정책이 정착되기까지는 상당한 시간이 소요될 것으로 보인다.

또 다른 특징은 시장 주도주의 급등락이다. 장기 투자라고 하면 대체로 대형 우량주를 오래 보유하는 전략을 떠올린다. 하지만 한국 시장에서 대형주, 이른바 '시장 주도주'를 장기 보유하는 전략이 생각보다 훨씬 더 높은 리스크를 내포하고 있다. 즉 한국에서는 주도주가 상대적으로 우량한 실적과 인지도를 바탕으로 단기간에 몇 배씩 급등한 뒤 급격히 하락하고 이후 수년간 장기 조정에 빠지는 패턴이 반복되어 왔다.

한국증시에서 시장 주도주의 급등락 사례를 살펴보자. 먼저 아

한국증시 시장 주도주 급등락 사례

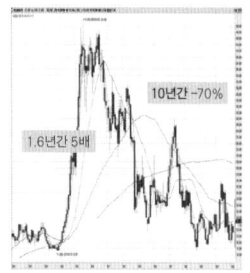 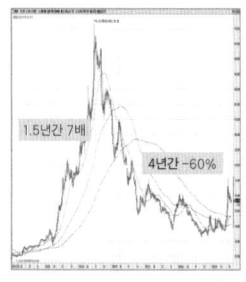 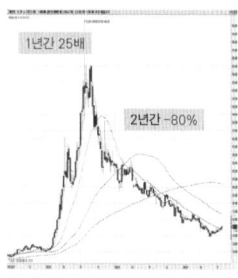

아모레퍼시픽(2014~2015.7 동안 5배 상승, -70%), 카카오(2020.3~2021.7 동안 7배 상승, -60%), 에코프로(2022.7~2023.7 동안 25배 상승, -80%)의 주가 급등락 그래프다. 하락율은 최고가에서 2025년 10월 말 기준 하락폭이다.

모레퍼시픽은 2015년 중국 화장품 소비 기대로 1년 반 만에 5배 상승했다. 하지만 실적 부진과 경쟁 격화로 10년간 조정이 지속됐다. 카카오는 플랫폼 확장 기대감으로 2021년 주가가 주가수익비율PER 100배 이상으로 급등했다. 하지만 규제, 오너 리스크, 성장성 둔화로 고점 대비 반토막 이상 하락했다. 에코프로는 이차전지 열풍의 중심에서 1년간 25배 이상 급등 후 공급과잉과 실적 불확실성으로 2년 만에 80% 이상 급락했다.

이처럼 한국 시장에서 개별주식을 장기 보유하는 전략은 구조적으로 매우 어렵다. 경기 순환형 산업의 비중이 높고 내수 기반의 장기 성장 여건은 취약하며 지배구조와 주주 환원 문화도 충분히 자리 잡지 못했다. 이런 환경에서 이익이 꾸준히 성장하고 주주와 성과를 공유하는 기업을 발견하기는 쉽지 않다.

결국 장기 투자가 의미 있으려면 세 가지 조건이 함께 갖추어야 한다. 기업의 혁신 역량과 산업의 구조적 성장성 그리고 경영자의 주주 중심 철학이다. 이 세 가지가 뒷받침될 때야 비로소 복리의 힘을 발휘하는 개별주식의 장기 투자가 가능하다.

    이상에서 살펴본 개인투자자들의 실패 원인을 극복하기 위해서는 감정을 통제하고 핵심투자 원칙을 세우며 일관되게 실행해야 한다. 다음 장에서는 이러한 원칙을 실행하는 구체적인 방안을 논의한다.

 **투자 인사이트**

개인투자자가 실패하는 진짜 이유

- 개인투자자가 실패하는 이유는 단지 정보 부족이나 시장의 문제라기보다는 감정과 조급함, 편향된 행동, 착각과 무지가 복합적으로 작용한 결과다. 시장은 완벽하지 않다. 그러나 그 안에서 어떻게 행동할지는 투자자의 선택이다. 감정을 통제하며 원칙을 지키는 훈련된 투자자만이 시장에서 살아남는다.

- 실패의 원인은 크게 네 가지가 있다. 감정과 조급함에 휘둘리는 투자 행동, 외국인과 기관투자자 중심의 불리한 시장 구조, 교육과 투자자 보호 장치의 부재, 레버리지·전업·미국 개별주식에 대한 과도한 환상이다.

- 한국 시장에서 개별주식의 장기 투자는 한계가 있다. 한국 증시의 대부분 주식은 경기 민감형 기업으로 이익의 변동성이 크고 낮은 주주 환원율과 지배구조 이슈로 장기 투자에 부적합하다.

4장

ETF와 연금으로 실전 복리 시스템을 완성하자

투자는 자신만의 전략과 시스템으로 성과를 창출한다. 앞서 우리는 세 가지 기둥을 통해 주식 투자의 본질과 기초를 다졌다. 복리 효과와 현대 자본주의 경제 체제를 분석하며 왜 주식 투자가 필요한지를 살펴보았고 주가를 결정하는 요인, 가치평가, 분산투자의 원리를 배우며 이론적 기초를 쌓았다. 그리고 투자자가 빠지기 쉬운 심리적 오류와 행동 편향을 알아보고 실패의 원인을 점검했다.

이론과 심리 이해는 투자자에게 필요한 준비 단계지만 진짜 성과는 실행에서 만들어진다. 그래서 마지막으로 실행과 관련하여 바쁜 직장인이 미래의 자산 형성을 설계할 수 있도록 구체적이고 현실적인 전략과 자신만의 시스템을 구축하는 방법을 제시하고자 한다.

첫째, 핵심 전략의 중심인 ETF 분석이다. 절세 계좌를 활용한 주가지수 ETF 투자는 복리 효과를 극대화해 장기적으로 자산을 형성하는 가장 강력하고 안정적인 방법이다. 둘째, 퇴직연금과 연금저축계좌를 활용한 ETF 투자 실전 가이드다. 어떤 자금을 어떤 계좌에 담아야 하고 나이와 소득 수준에 따라 어떻게 포트폴리오를 구성해야 할지 실제 사례를 통해 살펴본다. 셋째, 섹터 ETF와 개별 주식을 활용한 주변 전략이다. 모멘텀, 가치투자, 역발상 등 시장에서 검증된 전략을 학습하며 실전 투자 역량을 기르는 훈련의 장이 된다.

투자는 결국 지식과 태도를 넘어 행동으로 이어질 때 비로소 완성된다. 계좌를 개설하고 자동이체를 설정하며 ETF를 꾸준히 매수하는 단순한 행동이 장기적으로 당신의 미래를 바꾸어 놓는다. 투자란 자신만의 전략과 시스템을 세우고 그것을 꾸준히 실행하는 삶의 방식이다.

1
ETF 투자는 미래 자산 형성의 핵심이다

많은 사람이 자산을 늘리고 싶어 하지만 대부분은 감정과 타이밍에 휘둘려 계획 없는 투자에 머무르고 만다. 그러나 진정한 자산 형성은 시장을 예측하는 데서 오지 않는다. 자신만의 투자 시스템을 만들고 그것을 꾸준히 지켜내는 것에서 출발한다.

그 시스템의 중심에는 ETF가 있다. ETF는 단순하고 투명한 구조, 낮은 비용, 자동 분산이라는 장점을 갖춘 누구나 시장 성장에 꾸준히 참여할 수 있는 도구다. 특히 직장인에게는 연금 계좌를 활용한 주가지수 ETF 투자가 가장 유리하다. 세금 혜택과 복리 효과가 동시에 작동하여 장기 수익을 극대화할 수 있기 때문이다. 그리고 ETF를 활용한 자산 형성 전략의 핵심이 바로 '핵심-주변 전략'이다.

투자 전략은 생애주기에 따라 달라져야 한다. 20~40대에는 성장형 ETF에 집중해 복리의 시계를 하루라도 빨리 돌려야 한다. 50대에는 주식과 채권의 균형을 맞추고 60대 이후에는 배당과 현금흐름 중심의 안정적 포트폴리오로 점진적으로 전환해야 한다. 중요한 것은 어떤 시기에도 S&P 500과 같은 주가지수 ETF를 일정 비중을 유지하는 것이다. 이것이 복리 성장을 이어가는 핵심이다.

주가지수 ETF는 자산을 키우는 강력한 수단이다. 단순한 구조, 꾸준한 실행, 절세 계좌의 활용을 명심해야 한다. 중심을 지키고 시간을 믿는다면 당신의 미래 자산은 복리의 가속도로 반드시 만들어진다.

직장인과 초보 투자자는 ETF로 시작하는 것이 좋다

개인투자자들이 주식 투자를 할 때 대개 개별종목에 집중한다. 하지만 실제로 장기 투자에서 꾸준한 수익을 낸 사람들의 공통점은 ETF를 적극적으로 활용했다는 점이다. ETF는 'Exchange Traded Fund'의 줄임말로 흔히 상장지수펀드라고 번역한다. 코스피 200, S&P 500 등 특정 지수를 그대로 복제해서 만든 펀드를 주식시장에 상장하여 주식처럼 자유롭게 사고팔게 한 금융상품이다. 예를 들어 코스피 200 ETF는 삼성전자, SK하이닉스, 현대차 등 코스피 200 지수 구성 종목을 동일한 비중으로 담는다. 투자자는 ETF를 거래소에서 주식처럼 실시간으로 사고팔며 지수 전체에 분산투자를 하는 효과를 얻는다. ETF의 기본 구조는 다음과 같다.

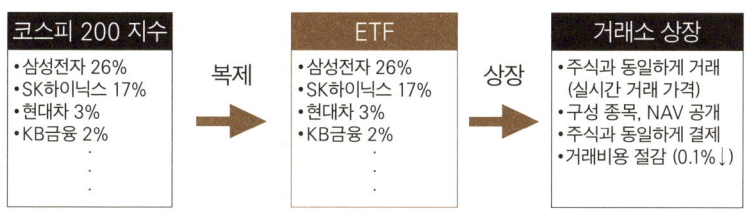

- 지수 복제: 특정 지수를 추종하며 구성 종목과 비중을 그대로 반영
- 실시간 거래: 주식처럼 거래소에서 자유롭게 매매 가능
- 정보 공개: 구성 종목과 순자산가치NAV를 매일 공시
- 자동 분산: ETF 하나만으로 수십에서 수백 개 종목에 분산투자
- 낮은 비용: 펀드 대비 수수료가 낮고 대형 ETF일수록 저렴

워런 버핏은 "대부분의 투자자는 저비용 S&P 500 ETF에 장기 투자하는 것이 가장 좋다."라고 조언했다. 그 이유는 단순하다. ETF는 시장 전체의 성장에 참여하는 가장 단순하면서도 강력한 방법이기 때문이다. 특히 장기 복리를 목표로 하는 직장인과 초보 투자자라면 개별주식보다 먼저 ETF를 이해하고 시작하는 것이 바람직하다.

다만 주의할 점도 있다. ETF는 주식처럼 거래가 쉬운 만큼 시장의 급등락 시에는 잦은 매매의 유혹에 빠질 수 있다. ETF의 진정한 힘은 단기 매매가 아니라 복리 효과가 축적되는 장기 보유 전략에서 나온다.

국내 증시에 상장된 해외 ETF는 어떻게 투자하면 좋을까. 참고로 해외 증시에 상장된 ETF는 '해외 주식'으로 분류되며 연금저축계좌에서는 투자할 수 없고 과세 체계도 다르다. 그래서 직장인이 실제로 활용할 수 있는 절세 계좌에 편입할 수 있는 국내 상장 ETF에 투자하는 게 상대적으로 낫다.

국내 주요 자산운용사들은 자사의 ETF 브랜드를 통해 다양한 미국 지수 ETF를 출시하고 있다. 대표적인 브랜드로는 KODEX(삼성자산운용), TIGER(미래에셋자산운용), ACE(한국투자신탁운용) 등이 있다. 이들 운용사가 출시한 미국 S&P 500 ETF는 모두 동일한 S&P 500 지수를 추종하기 때문에 기본적인 수익률은 거의 동일하다. 그러나 운용 보수 등 총비용 차이에 따라 장기적으로는 성과 격차가 발생할 수 있으므로 규모가 크고 보수가 낮은 ETF를 선택하는 것이 유리하다.

또한 환헤지형(H) ETF는 연간 약 2% 수준의 헤지 비용이 발생한다. 장기적으로는 원화가 약세될 가능성이 높고 S&P 500 ETF 투자 목적 중의 하나가 달러화 자산의 보유라는 점을 고려할 때 비헤지형 ETF가 더 적합하다.

참고로 삼성자산운용의 KODEX ETF를 활용한 사례를 통해 핵심-주변 전략의 성공적인 실행 방법을 모색해 보자. 국내 자산운용사들은 다양한 국내외 자산을 기초자산으로 하는 ETF를 투자자에게 제공하고 있다. 그중에서 가장 많은 상품을 제공하는 국내

국내에 상장된 미국 S&P 500 ETF 예시

운용사	ETF명
삼성	KODEX 미국S&P500
미래에셋	TIGER 미국S&P500
KB	RISE 미국S&P500
키움	KIWOOM 미국S&P500
신한	SOL 미국S&P500
한국투자	ACE 미국S&P500
한화	PLUS 미국S&P500
NH아문디	HANARO 미국S&P500

Kodex 미국S&P500(H)
ETF 브랜드   기초지수   환헤지 여부

최대 ETF 운용사인 삼성자산운용의 KODEX ETF를 중심으로 핵심-주변 전략에서 실제로 투자할 수 있는 대표적인 상품들을 살펴본다. 상세한 상품 구조와 특징은 KODEX 홈페이지*, KODEX ETF 앱, FunETF 앱에서 확인할 수 있다.

- **핵심 자산 ETF**

핵심 자산은 자산 형성의 중심축이다. 20~40대라면 S&P 500을 중심으로 나스닥 100 등 대표 지수형 ETF를 편입하여 장기 복리 효과를 극대화하는 것이 바람직하다. 배당, 월배당, 채권형, 단기 자금형 ETF는 현금흐름이 필요한 시기나 개인형퇴직연금IRP 계좌의 안정형 자산으로 적합하다. 또한 타깃데이트펀드TDF ETF는 안정형 자산으로 분류되지만 예상 퇴직 연도가 길수록 글로벌 지수형 ETF와 S&P 500 등 주식형 비중을 높게 가져가는 구조이므로 장기 투자에 활용할 수 있다.

---
* www.samsungfund.com

핵심 자산 ETF 유형과 특징

구분	ETF 이름	주요 특징
대표 지수형	KODEX 미국S&P500	미국 증시 대표 대형주 500개 종목
	KODEX 미국나스닥100	미국 기술주 대표 100개 종목
	KODEX MSCI선진국	전 세계 23개 선진국
배당형	KODEX 미국배당다우존스	미국 우량 배당성장주 100개 종목
	KODEX 고배당주	한국의 고배당주 투자
월배당 커버드콜	KODEX 미국S&P500데일리커버드콜OTM	연간 분배 최대 15% 목표
	KODEX 미국배당커버드콜액티브	미국 우량 배당성장주 + 콜매도
	KODEX 200타겟위클리커버드콜	연간 최대 15% 콜매도프리미엄 + 코스피 200 배당수익률(약 2%)
채권형	KODEX 미국10년국채액티브(H)	미국 10년 국채, 미국 금리 하락 시 유리
	KODEX 국고채10년액티브	한국 10년 국채, 채권수익률 하락 시 유리
	KODEX 종합채권(AA-이상)액티브	한국의 우량 채권 투자
단기 자금형	KODEX CD금리액티브	매일 CD금리 축적, 단기 현금 운용
	KODEX 머니마켓액티브	효율적인 현금 관리 솔루션 제공
TDF	KODEX TDF2040, 2050, 2060 액티브	S&P 500 및 글로벌 지수 투자 효과 기대

- **주변 자산 ETF**

주변 자산은 경험을 쌓고 시장의 기회를 활용해 수익을 극대화하는 영역이다. 핵심 원칙은 전체 자산의 30% 이내에서 운용하는 것이다. 소득이 늘어나 핵심 자산 규모가 성장하면 자연스럽게 주변 자산도 확대되고 경험이 축적되면서 성과를 높일 수 있다. 한국 코스피 지수에 투자하는 KODEX 200 ETF는 아직은 장기투자 자산으로서 구조상 한계가 있으므로 주변 자산으로 접근하는 것이 바람직하다. 아래의 표는 주변 전략으로 고려할 만한 ETF 예시로

KODEX ETF를 정리한 것이다.

구분	ETF 이름	주요 특징
한국 지수	KODEX 200	코스피 대표 200개 종목 투자
	KODEX 코스닥150	코스닥 시총 상위 150개 종목
섹터	KODEX 미국S&P500헬스케어	미국 S&P 500 내 헬스케어 업종 투자
	KODEX 미국S&P500금융	미국의 금융섹터 투자
테마	KODEX 미국AI전력핵심인프라	미국 AI 전력 인프라 대표 기업
	KODEX 미국휴머노이드로봇	미국 주도 휴머노이드 산업에 투자
	KODEX 미국AI테크TOP10	AI 빅테크 톱 10 종목 투자
	KODEX 미국반도체	미국 상장 대형 반도체 기업
	KODEX 차이나휴머노이드	중국 주도 휴머노이드 산업에 투자
원자재	KODEX 금액티브	연금 계좌에서 금 투자 가능 ETF
이머징, 기타	KODEX 인도Nifty50	인도 증시 대표 50개 기업
	KODEX 차이나CSI300	중국 대표하는 대형주 300개 종목
	KODEX 차이나항셍테크	홍콩 증시 상장된 중국 빅테크 우량 기업
	KODEX 일본TOPIX100	도쿄거래소 시총 상위 100개 종목

※ 위에서 예시한 삼성자산운용의 KODEX ETF를 포함하여 이 책에서 언급한 특정 ETF는 투자 권유를 목적으로 하지 않습니다. 투자할 때는 해당 상품에 대한 정보를 별도로 충분히 알아보고 판단하길 바랍니다.

ETF는 시장 전체의 성장에 참여하는 강력한 투자 도구다

 ETF는 단순히 하나의 상품이 아니다. ETF라는 이름 아래 추종하는 지수, 구성 방식, 운용 목적 등에 따라 전혀 다른 성격의 ETF들이 존재한다. 투자 목적에 맞는 ETF를 선택해야 한다. 먼저 시장 대표 지수형 ETF(핵심 전략)다. 코스피 200, S&P 500, 나스닥 100 등 대표 지수를 추종하는 ETF는 수많은 기업에 자동으로 분산투자를 할 수 있어 장기 복리 투자의 핵심(핵심 전략)에 적합하다. 시장 전체의 성장에 참여할 수 있는 가장 단순하면서도 강력한 투자 도구다.

둘째, 섹터형 ETF(주변 전략)다. 반도체, 헬스케어, 이차전지 등 특정 산업에 집중적으로 투자하는 ETF다. 시장 트렌드에 맞춘 전략적 선택이 가능하지만 산업 변동에 민감하고 분산 효과가 약하므로 리스크 관리가 필요하다. 본질적으로는 개별주식 투자와 유사하다.

셋째, 테마형 ETF다. 양자컴퓨팅과 메타버스 등 유행하는 테마를 담은 ETF다. 성장 기대는 크지만 대체로 시장의 관심이 최고조일 때 상장되기 때문에 상장 시점이 이미 고점일 가능성이 크다. 투자 시점과 테마의 지속가능성에 대한 냉정한 판단이 필수다.

넷째, 고배당·월배당 ETF다. 안정적인 현금흐름을 원하는 투자자에게 적합하다. 특히 최근에는 '커버드콜' 전략을 활용한 월배당 ETF도 인기를 얻고 있다. 참고로 월배당 커버드콜 ETF는 주식과 채권 등 기초자산을 보유하면서 콜옵션을 매도하여 기초자산 가격 상승의 일부를 포기하는 대신 옵션 매도 수익을 월배당 형태로 지급하는 구조를 가진 상품이다. 기초자산 가격이 보합일 때 상대적으로 유리하다. 하락 시에는 기초자산과 유사하게 하락하고 상승 시에는 일정 부분 수익을 포기하는 특성이 있다.

최근에는 기초자산 지수를 비교적 충실히 추종하면서도 연간 분배율이 10%를 초과하는 상품들이 출시되고 있다. 그러나 분배율이 과도하게 높을 땐 기초자산을 매도하여 분배금을 충당할 위험이 있다. 특히 변동성이 큰 개별주식을 기초자산으로 삼아 높은 월 분배금을 약속하는 ETF는 각별한 주의가 필요하다. 따라서 가급적 S&P 500처럼 변동성이 낮고 안정적으로 상승하는 자산을 기초자산으로 하면서 연간 분배율이 10~15% 수준인 커버드콜 ETF를 선택하는 것이 지수 상승의 혜택과 월배당의 장점을 동시에 누릴 수 있는 방법이다.

다섯째, 채권형 ETF다. 미국 국채나 국내 장기채 등으로 구성된다. 시장 불안정성이 높을 때 포트폴리오의 변동성을 줄이는 완충 역할을 한다. 장기 금리가 하락할 때 유리한 투자 상품이다. 한편 단기채권 ETF는 안정적 금리를 지급하므로 단기자금 운용에 적합하다.

여섯째, 원자재 ETF다. 금, 원유, 리튬 등 실물자산에 투자하는 ETF다. 인플레이션, 달러 약세, 지정학 리스크에 대비할 수 있지만 가격 변동성이 크다. 일반 투자자에게는 소액 분산투자 정도로 접근하는 것이 바람직하다.

일곱째, 액티브 ETF다. 전통적인 액티브 펀드를 ETF 구조로 상장한 형태다. 인공지능AI, 고배당, 반도체 등 특정 전략에 따라 운용사가 종목을 선별한다. 수수료가 높고 성과 편차가 크기 때문에 주변 전략으로 제한해서 활용하는 것이 적절하다.

여덟째, 레버리지·인버스 ETF다. 지수와 섹터 또는 개별종목의 수익률을 2~3배 확대하거나 반대로 추종하는 고위험 상품이다. 본래 단기 트레이딩용으로 설계되었기 때문에 장기 보유 시에는

ETF 주요 유형

ETF 유형	설명	활용 전략
시장 대표 ETF	S&P 500, 코스피 200	핵심 전략 (장기 복리 투자)
섹터 ETF	산업(반도체, 헬스케어 등)	주변 전략
테마 ETF	인공지능, 2차전지, 메타버스 등 유행 테마 반영	단기 대응
고배당·월배당 ETF	안정적 수익 제공, 은퇴 준비	안정적 현금흐름 제공, 은퇴 세대
채권 ETF	국채·회사채 등 금리 민감 자산	리스크 완화, 안정성 강화
원자재 ETF	금, 원유, 리튬 등 실물자산	인플레이션 대응, 소액 분산투자
액티브 ETF	운용사가 종목을 선별해 운용 (인공지능, 고배당 전략 등)	주변 전략
레버리지·인버스 ETF	지수 수익률을 2~3배 확대 또는 역추종하는 고위험 상품	단기 트레이딩

복리 효과가 훼손될 수 있어 주의가 필요하다. 특히 개별종목 레버리지 ETF는 변동성이 매우 크고 투기적 성격이 강하므로 각별히 조심해야 한다.

시장 대표 지수 ETF를 제외한 대부분의 ETF는 '쉬운 투자'가 아니다. ETF는 전략을 구현하는 정교한 도구이나 구조와 위험을 이해하지 못하면 손실 가능성이 오히려 커질 수 있다. 특히 테마, 레버리지, 액티브 ETF는 이름만 보고 투자해서는 안 된다. 투자자는 반드시 ETF의 이름보다 그 안에 담긴 자산, 추종 지수, 운용 방식을 정확히 이해하고 자신의 투자 목적과 전략에 맞춰 선택하는 안목을 길러야 한다.

테마형, 레버리지, 액티브 ETF는 고위험 상품이다

ETF는 복리와 분산 효과를 구조적으로 내재한 최적의 장기 투

테마형 ETF 메타버스 사례

(Tiger Fn메타버스 ETF)

자 수단으로 평가받는다. 특히 시장 대표 지수를 추종하는 ETF는 저비용으로 수많은 기업에 자동으로 분산투자가 가능해서 초보 투자자와 바쁜 직장인에게 최적의 상품이라 할 수 있다. 그러나 모든 ETF가 안전한 것은 아니다. ETF라는 이름 아래 전혀 다른 성격의 고위험 상품들도 존재한다. 특히 테마형·레버리지·액티브 ETF는 구조, 수익률 산정 방식, 운용 전략에서 지수형 ETF와는 본질적으로 다르다. 이러한 상품을 충분한 이해 없이 투자하면 복리의 길이 아니라 높은 변동성과 단기 손실의 함정에 빠질 수 있다.

먼저 테마형 ETF는 유행을 좇는 투자의 덫이 될 수 있다. 테마형 ETF는 메타버스, 이차전지, 양자컴퓨팅 등 시장의 유행과 트렌드에 맞춘 종목들을 묶어 만든 상품이다. 문제는 이러한 ETF가 대체로 시장 관심이 최고조일 때 출시된다는 점이다. 대부분의 새로운 유행에 맞춘 테마형 ETF는 이미 관련 종목 주가가 충분히 오른 시점에 상장된다. 그 뒤를 따라 뒤늦게 들어간 투자자들은 고점에서 물려 손실을 보는 경우가 많다. 실제로 테마형 ETF의 상장은 종종 해당 종목군의 고점을 알리는 신호로 해석되기도 한다. 테마형 ETF는 단기 트레이딩 또는 시장 트렌드를 읽기 위한 보조 수단으로 활용하고 펀더멘털이 뒷받침되는 구조적 테마에 한정하여 선택하는 것이 바람직하다. 장기 투자나 적립식 운용에는 부적합한 상품이다.

그다음으로 주의할 것이 레버리지 ETF다. 수익보다 손실이 크게 확대될 수 있는 구조이기 때문이다. 레버리지 ETF는 기초 지수의 '일일' 등락률을 2배 또는 3배로 추종하도록 설계된 상품이다. 예를 들어 S&P 500 지수가 하루 1% 상승하면 2배 레버리지 ETF는 2% 오른다. 주의할 점은 하루 단위 수익률을 기준으로 레버리지를 적용한다는 점이다. 즉 시장이 상승과 하락을 반복할 경우 수익률은 일별 수익률의 2배, 3배 수익을 추종하기 때문에 수익률 감소 현상이 발생한다. 이를 '변동성 끌림 volatility drag'이라고 부른다. 예를 들어 지수가 100에서 10% 하락해 90이 되었다가 다시 11.1% 상승하면 지수는 원금을 회복해 100이 된다. 그러나 3배 레버리지 ETF는 100에서 30% 하락해 70이 된 뒤 33.3% 상승해도 93에 불과하다. 지수는 본전을 찾았지만 레버리지 ETF는 여전히 7% 손실 상태다.

이처럼 등락이 반복되면 손실 폭은 빠르게 누적된다. 장기적으로 지수가 횡보하거나 오르더라도 레버리지 ETF는 수익률이 기대보다 크게 낮아지거나 원금 손실로 이어질 수 있다. 실제로 우리나라

테슬라 3배 레버리지 ETF 사례

개인투자자들은 단기 고수익을 목표로 변동성이 큰 미국 나스닥지수, 반도체, 테슬라 등의 3배 ETF에 투자하는데 시장이 급락하면 손실은 치명적이다. 예컨대 기초자산이 100원에서 하루 30% 하락 후 다음 날 +30% 반등하면 기초자산 가격은 91원이 되지만 이를 추종하는 3배 레버리지 ETF는 불과 19원에 그친다.

또한 레버리지 ETF는 파생상품을 활용해 구조를 만들기 때문에 비용 부담도 크다. 일반 ETF의 운용 보수가 연 0.1~0.5% 수준이다. 그런데 평균적으로 2배 레버리지는 연 6~7%, 3배 레버리지는 10% 이상의 비용이 상품 구조에 내재화되어 있다. 장기 보유할수록 이 비용이 복리로 누적되어 수익률을 심각하게 훼손한다.

레버리지 ETF는 구조적으로 단기 트레이딩용 상품이다. 장기 투자나 적립식 운용에는 부적합하다. 그런데 유독 우리나라 투자자들은 레버리지 ETF에 집중되어 있다. 2025년 3월 「블룸버그」 보도에 따르면 한국은 세계에서 레버리지 ETF 보유 비중이 가장 높은 국가 중 하나다. 2025년 초까지 한국 개인투자자들은 해외에 상장된 테슬라 2배·3배 레버리지 ETF에 대규모로 투자했는데 한때 고점 대비 40% 이상 하락하면서 큰 손실을 본 것으로 나타났다.

또한 반도체, 비트코인, 30년 미국 국채 등 변동성이 큰 레버리지 ETF도 한국 개인투자자의 보유 비중이 높다. 이러한 행태는 ETF를 장기 투자와 분산의 도구로 활용하기보다 단기 차익을 노린 투기 수단으로 오해한 결과다. 조급함과 투기 심리가 결합된 전형적인 실패 패턴이라 할 수 있다.

레버리지 ETF는 단기 방향성에 대한 확신이 있는 경우에만 명확한 손절 기준을 갖고 감당할 수 있는 소액 범위 내에서 제한적으로 사용해야 한다. 장기 투자, 정액 적립식, 복리 효과를 추구하는 ETF의 본래 목적과는 전혀 다른 성격을 가지며 오히려 손실을 확대할 수 있는 고위험 상품임을 명심해야 한다.

마지막으로 액티브 ETF는 ETF지만 펀드매니저의 판단이 개입된다. 투자자들은 ETF라고 하면 '지수를 그대로 따르는 상품', 즉 패시브$_{passive}$ 운용만을 떠올린다. 하지만 최근에는 펀드매니저의 운용 역량과 판단을 ETF 구조에 담은 '액티브 ETF'가 빠르게 확산되고 있다.

액티브 ETF는 지수를 그대로 추종하는 것이 아니라 특정 섹터나 전략에 대해 초과 수익을 추구하는 상품이다. 지수 구성 종목 중 일부만 선택하거나 특정 기업을 비중 있게 담는 등 펀드매니저의 판단과 전략이 적극적으로 반영되는 구조를 갖는다.

액티브 ETF 주요 특징 비교

구분	주가지수 ETF	액티브 ETF	액티브 펀드
운용 방식	지수 그대로 (시총 비중 유지)	매니저 전략과 판단 반영	매니저 전략과 판단 반영
목표	지수 수익률 추종	지수 초과 수익	지수 초과 수익
운용 방식	지수 구성 종목을 기계적 복제	매니저의 종목 선택과 시장 판단	매니저의 종목 선택과 시장 판단
성과 지속성	장기적으로 안정적, 우상향	장기유지 곤란, 매니저별 성과 편차	장기유지 곤란, 매니저별 성과 편차
거래	실시간	실시간	실시간 매매 불가, 기준가 매매
수수료	낮음 (0.1% 이하)	중간 (0.5~0.8%)	높음 (1% 이상)

이러한 특성 때문에 액티브 ETF는 패시브 ETF와 전통적 액티브 펀드의 중간 형태로 이해할 수 있다. ETF처럼 상장되어 실시간 거래가 가능하고 비교적 낮은 비용과 투명성이 장점이다. 하지만 동시에 펀드매니저의 능력과 운용 전략이 수익률에 직접적인 영향을 미치므로 성과 편차가 클 수 있다는 위험을 안고 있다. 결국 액티브 ETF는 주변 전략에서 제한적으로 활용하는 것이 바람직하다. 투자자는 상품 구조와 운용 전략을 이해하고 펀드매니저의 역량을 꼼꼼히 확인한 뒤 선택해야 한다.

그런데 같은 섹터라도 다른 전략을 사용하면 결과는 다를 수 있다. 예를 들어 국내 시장에 상장된 두 개의 헬스케어 ETF를 비교해보면 모두 같은 섹터를 다루지만 운용 방식, 전략, 구성 방식이 다르다. TIGER 200헬스케어 ETF는 코스피 200 헬스케어 지수를 추종하는 패시브 ETF다. 지수를 구성하는 전통적인 대형 제약회사 중심으로 투자한다. 반면에 삼성 KoAct 바이오헬스케어액티브

ETF는 운용자가 직접 종목을 선별하여 구성한 액티브 ETF로서 신약 개발 중심의 바이오 기업에 집중적으로 투자한다. 따라서 펀드매니저의 역량이 수익률에 직접적인 영향을 미친다.

이처럼 동일한 산업에 투자하더라도 ETF의 유형(패시브 대 액티브)과 전략에 따라 성과는 크게 달라질 수 있다. 투자자는 ETF의 이름만 보고 판단해서는 안 되며 운용 전략, 투자 방식, 리스크 구조를 확인해야 한다.

연금 계좌를 통한 적립식 투자의 꾸준함이 이긴다

ETF는 단순한 구조, 낮은 비용, 자동 분산의 장점 덕분에 직장인에게 가장 실용적인 투자 수단이다. 그러나 막상 시작하려면 무엇을 어떻게 어디서부터 실행해야 할지 막막한 경우가 많다. 그렇다면 어떻게 해야 실질적으로 실행력을 높일 수 있을까?

첫째, 적립식 투자DCA다. 매달 일정한 금액을 정기적으로 꾸준히 투자하면 시장의 등락에 덜 흔들리고 장기적으로 복리 효과를 극대화할 수 있다. '언제 사야 할까?'라는 고민 대신 '꾸준히 산다'라는 습관이 장기 성과를 만든다.

둘째, 핵심-주변 전략이다. 안정적인 지수 ETF를 핵심에 두고 섹터, 테마, 액티브 ETF를 주변에 배치함으로써 안정성과 성장성을 동시에 추구할 수 있다. 핵심은 자산 형성의 축이 되고 주변은 투자 역량을 키우고 기회를 포착하는 훈련장이 된다.

셋째, 연금저축과 개인형퇴직연금IRP 계좌 활용이다. 세제 혜택

미국 증시 고점에서 매도 시 수익률 악화 분석

만약 최고의 상승일을 놓쳤다면 수익률은 얼마나 악화될까?

S&P 500 수익률(1988.1.1.~2020.11.10.)		
누적수익률 2,754%		
연평균수익률 10.7%		
최고 상승일 중 놓친 일수	누적수익률 하락 결과	연평균수익률 하락 결과
8,572 거래일 중 10일(0.12%)	1,208%(1,546%pt 하락)	8.1%(2.6%pt 하락)
8,572 거래일 중 20일(0.23%)	672%	6.4%
8,572 거래일 중 30일(0.35%)	391%	5.0%
8,572 거래일 중 40일(0.47%)	226%	3.7%
8,572 거래일 중 50일(0.58%)	122%	2.5%

(출처: 피셔 인베스트먼트)

을 받으며 투자하면 절세 효과가 복리와 결합해 장기 수익률을 크게 끌어올린다. 같은 수익률이라도 절세 계좌를 활용하면 20~30년 후 자산의 규모에서 큰 차이가 발생한다.

넷째, 자동화된 실행 시스템이다. 자동이체와 정기 매수 시스템을 설정해 두면 감정에 흔들리지 않고 꾸준히 투자 습관을 지킬 수 있다. 결국 투자의 성패는 지식보다도 꾸준한 실행력에서 갈린다.

이러한 전략들을 통합적으로 적용할 수 있는 방법을 살펴보자. 어떻게 포트폴리오를 구성하고 또 실행 시스템을 작동시키는지 예시를 통해 현실적인 투자 로드맵을 짜보는 것이다. 첫째, 정액적립식 투자는 가장 기본적이면서도 강력한 전략이다. 매달 혹은 일정한 주기에 정해진 금액을 같은 ETF에 꾸준히 투자하는 방식이다. 이 방식은 시장 타이밍을 예측하려 하지 않고 시간에 따라 투자 시점을 나누는 '시점 분산 효과'를 활용하는 전략이다.

정액적립식 투자에는 몇 가지 분명한 장점이 있다. 우선 고점에서 한꺼번에 매수하는 '몰빵 투자'의 위험을 피할 수 있다. 또한 하락장에서는 동일한 금액으로 더 많은 수량을 자동 매수하게 되어 평균 매입 단가를 낮추는 효과가 있다. 무엇보다 중요한 것은 투자자가 시장의 등락에 흔들리지 않고 자동으로 꾸준히 투자하는 습관을 형성할 수 있다는 점이다. 앞의 표에서 보듯이 피셔 인베스트먼트에서 조사한 바에 의하면 지난 33년 동안 미국 증시에서 주가 상승률이 가장 높았던 날의 0.1%, 즉 10일만 주식을 보유하지 않아도 누적수익률은 2,754%에서 1,208%로 급락한다.

둘째, ETF 포트폴리오를 구성할 때 핵심-주변 전략을 실행한다. 앞에서 살펴본 것처럼 국내 증시에는 다양한 국내외 ETF가 상장되어 있다. 하지만 투자자에게 가장 중요한 질문은 언제나 같다. "어떤 ETF를 선택해 어떤 비중으로 투자해야 하는가?"이다. 이를 해결하는 가장 효과적인 방법이 바로 핵심-주변 전략이다. 이 전략은 ETF를 두 가지 유형으로 구분해 장기 성장성과 안정성 그리고 기회 포착의 유연성을 동시에 제공한다.

먼저 핵심 자산은 전체 포트폴리오의 약 70%를 차지한다. S&P 500, 나스닥 100, 글로벌 주가지수VT 같은 대표 지수형 ETF에 정기적으로 꾸준히 투자함으로써 장기 복리 성장을 추구한다. 이 영역은 자산 형성의 엔진 역할을 하며 장기적으로 투자 성과를 결정짓는 중심축이다. 다만 코스피 200 ETF는 변동성에 비해 장기 수익률이 낮아 장기 투자용으로는 상대적으로 효율이 떨어질 수 있다.

주변 자산은 전체의 30% 이내에서 운용된다. 섹터 ETF나 개별 주식에 투자해 추가 수익을 노리고 투자 경험을 쌓는 공간이다. 반도체, 인공지능, 헬스케어, 방산, 원전과 같은 특정 산업의 주가 상승에 유연하게 대응할 수 있는 장점이 있다. 그러나 주변 자산은 어디까지나 보조적 성격을 가져야 하며 비중이 과도해지면 전체 포트폴리오의 안정성을 해칠 수 있다.

결국 핵심-주변 전략의 본질은 '핵심이 중심, 주변은 보조'라는 단순한 원칙을 지키는 것이다. 안정적인 성장은 핵심 자산, 기회 포착과 학습은 주변 자산에서 이루어진다.

셋째, 연금 계좌는 ETF 투자의 최적 플랫폼이다. ETF 투자의 핵심은 '어떤 상품을 사느냐?'만큼이나 '어떤 계좌에서 사느냐?'에 있다. 동일한 ETF를 매수하더라도 투자 계좌에 따라 세금과 최종 수익률은 전혀 달라질 수 있다. 특히 장기 복리를 추구하는 투자자라면 세금을 최소화하고 수익을 극대화할 수 있는 절세 계좌 활용이 필수다.

먼저 가장 중요한 계좌는 연금저축과 개인형퇴직연금IRP 계좌다. 두 계좌는 합산해 연간 최대 900만 원까지 세액공제 혜택을 받을 수 있다. 계좌 내 운용 수익에 대해서는 과세가 뒤로 미루어진다. 이후 연금으로 수령할 때는 낮은 세율로 분리과세가 적용되므로 장기 복리와 절세의 힘을 동시에 활용할 수 있는 최적의 플랫폼이라 할 수 있다.

연금저축과 개인형퇴직연금IRP은 모두 장기 투자와 절세에 유리한 구조를 갖추고 있다. 하지만 운용의 자유도와 투자할 수 있는 상품 범위에서 몇 가지 차이가 있다. 연금저축은 ETF 운용에 가장 유연한 구조를 갖추고 있다. 국내 상장 ETF 대부분을 제한 없이 편입할 수 있다. 따라서 연금 계좌 중에서는 가장 먼저 활용해야 할 계좌다. 개인형퇴직연금IRP은 주식 ETF 등 위험자산 비중이 70%로 제한되어 있어서 성장형 포트폴리오를 구축하기에 한계가 있다. 연금저축의 한도인 600만 원을 채운 이후 개인형퇴직연금IRP에 추가 납입하여 절세 효과를 확장해 나가면 효과적이다.

다음으로 고려할 계좌는 개인종합자산관리계좌ISA다. 개인종합자산관리계좌ISA는 일정 한도 내에서 매매 차익이 비과세 또는 분리과세로 적용되므로 섹터 ETF나 변동성이 큰 자산을 담는 주변 전략용 계좌로 적합하다.

마지막으로 사용하는 계좌는 일반 증권 계좌다. 별도의 세제 혜택은 없지만 단기 투자나 유동성 확보에 유리하다. 특히 해외 증시에 상장된 ETF 직접 투자는 일반 증권 계좌에서만 가능하다.

ETF는 장기 투자를 통해 복리를 실현하는 자산이고 절세 계좌는 그 복리를 지켜주는 보호막이다. 투자자는 상품 선택뿐 아니라 계좌 전략까지 통합적으로 설계해야 한다.

지수 ETF와 연금 계좌는 자산 형성에 최적화된 조합이다

참고로 연금 계좌의 세금효과도 알아둘 필요가 있다. 간단히 말하자면 세금마저 복리 자산이 된다. 지수 ETF는 장기 투자를 통해 수익을 키우는 자산이고 연금 계좌는 장기 투자에 최적화된 제도다. 이 둘을 결합하면 '시간의 힘'과 '절세의 힘'이 동시에 작동하여 복리 효과를 극대화할 수 있다. 연금 계좌의 세금 혜택은 크게 세 가지로 요약된다.

먼저 연말정산 시 세액공제다. 세액환급금을 재투자할 수 있다. 연금 계좌에 납입한 금액은 연간 최대 900만 원까지 세액공제 혜택을 받을 수 있다. 직장인의 경우 연간소득에 따라 약 13.2% 또는 16.5% 수준의 세금이 절감 또는 환급된다. 이는 단순한 절세를 넘어 추가 투자 여력을 확보해 주는 간접 수익이다. 예를 들어 매년 100만 원을 환급받아 다시 ETF에 투자한다고 가정하면 연 8% 수익률에서 10년 후 1,449만 원, 20년 후 4,576만 원, 30년 후에는 1억 1,328만 원으로 불어난다. 즉 세금 혜택 자체가 또 다른 복리 자산이 되는 셈이다.

- 매년 100만 원 적립 시 효과(복리수익률 8% 가정)
  - 10년 후 1,449만 원(45%), 20년 후 4,576만 원(129%), 30년 후 1억 1,328만 원(278%)

그다음으로 과세 이연이다. 세금 납부 없이 수익이 복리로 쌓인다. 일반 증권 계좌에서는 ETF 매매 차익이 발생할 때마다 15.4%의 배당소득세가 부과된다. 그러나 연금저축과 개인형퇴직연금IRP 계좌에서는 세금 납부가 뒤로 미루어진다. 덕분에 수익이 세금으

계좌별 차이 및 장단점

구분	연금저축(펀드)	IRP	ISA(중개형)
대상	대한민국 국민 누구나	근로소득자, 자영업자	19세 이상 거주자
투자 상품	- ETF 및 펀드 중심 (국내외 주식 직접투자 불가) - 위험자산 100%	- 예금, ETF, 채권, 리츠 등 (국내외 주식 직접투자 불가) - 위험자산 한도 70%	- 개별주식, ETF 등 거의 모든 증권사 상품 (해외 주식·채권은 불가)
장점	- 연간 최대 600만 원 - 13.2%/16.5% 세제 혜택 (총급여 5,500만 원 기준)	- 연간 최대 900만 원 (연금저축과 합산 900만 원) - 세제 혜택은 연금저축과 동일	- 200만(최대 400만) 원 비과세 (손익합산) - 초과분: 9.9% 분리과세 - 3년 만기 시 연금저축 이전 혜택
단점	- 55세 이후 인출 - 중도인출 시 16.5% 과세 - 세제공제 미반영분: 인출 가능 - 연금담보대출 가능	- 55세 이후 인출 - 법에서 정한 사유에 한해 중도인출 가능 (주택 구입, 전세금 등) → 16.5% 과세 - 계좌관리수수료	- 만기 3년 (최대 5년, 3년 이내는 원금 인출 가능) - 매년 2,000만 원 한도 (누적, 1억 원) - 1개 증권사만 개설 가능
S&P ETF	- 매각익 세금 이연: 55세 이후 연금소득세 (5.5~3.3%) - 배당 소득: 일부 세금 혜택		- 매각익+배당: 일부 비과세

주) 연금저축계좌는 연금저축펀드와 연금저축보험이 있다. 이 책에서 별도의 언급이 없으면 연금저축펀드를 의미함. ISA도 중개형을 의미함.

로 빠져나가지 않고 온전히 재투자되며 장기 복리를 극대화하는 결정적 요인으로 작용한다.

마지막으로 분리과세다. 은퇴 후 세금 부담을 낮춘다. 일정 요건을 충족해 연금으로 인출할 경우 일반 금융소득과 합산하지 않고 3.3~5.5%의 낮은 세율로 분리과세가 된다. 은퇴 후 생활비를 마련하는 단계에서 세금 부담이 크게 줄어든다는 점에서 연금 계좌는 투자자의 노후를 위한 확실한 안전판이 된다.

넷째, 자동화된 실행 시스템의 구축이다. ETF 투자의 성패를 가르는 결정적 변수는 정보나 지식이 아니다. 가장 큰 변수는 '감정'

인데, 감정을 통제하는 가장 강력한 무기는 '자동화된 시스템'이다.

하락장에서 누구나 불안해진다. 그러나 정액적립식 투자자에게 하락장은 위기가 아니라 기회다. 낮은 가격에 더 많은 수량을 매수할 수 있다. 이는 장기 수익률을 끌어올리는 핵심 기제가 된다. 문제는 이러한 기회를 제대로 활용하려면 매수 타이밍을 직접 판단하지 않고 시장을 예측하지 않는 구조를 만들어야 한다. 정해진 날짜에 정해진 금액으로 정해진 ETF를 자동이체로 매수하는 시스템을 구축하는 것이 가장 현명한 방법이다. 그렇게 해야만 감정적 흔들림 없이 원칙을 지킬 수 있다.

ETF는 실시간 거래가 가능하다는 장점이 있다. 하지만 동시에 감정에 따라 충동적으로 매매하기 쉬운 단점도 있다. 급락장에서는 공포에 팔고 급등장에서는 조급함에 사고 어느새 처음의 투자계획은 사라지고 잦은 매매와 실수가 반복된다. 이 모든 심리적 흔들림을 이겨내는 방법은 의지가 아니라 자동화된 시스템이다. 자동화된 실행 시스템은 크게 세 가지 원칙으로 요약할 수 있다. 첫째, 정기 자동이체를 설정한다. 급여일 다음 날에 정해진 ETF를 정해진 금액만큼 자동으로 매수하도록 설정한다. 둘째, 정기 리밸런싱을 습관화한다. 반기 또는 연 1회 포트폴리오를 점검하여 자산 비중이 목표에서 벗어나지 않았는지 확인한다. 셋째, 시장 대표 지수 ETF는 매도하지 않는다. 짧은 기간의 손실이나 뉴스 또는 소문에 흔들려 매도하는 행동은 장기 복리 효과의 가장 큰 적이다.

S&P 500과 같은 대표 지수형 ETF는 복리의 엔진이다. 이 엔진

을 꺼뜨리지 않기 위해서는 최소한 은퇴 시점까지는 어떤 상황에서도 매도하지 않는다는 원칙을 세워야 한다. ETF를 단기 수익 실현의 수단이 아니라 20~30년 후의 삶을 설계하는 도구로 바라보는 자세가 필요하다.

[예시] 포트폴리오 구성과 실행 시스템 구축

이제 위의 내용과 관련하여 포트폴리오 구성과 실행 시스템을 어떻게 구축할지 예시를 통해 알아보자. 먼저 포트폴리오 구성이다. 앞서 살펴본 정액적립식 투자, 핵심-주변 전략, 그리고 연금계좌 활용 절세 전략은 따로 존재하는 것이 아니라 통합적으로 실행될 때 가장 큰 효과를 발휘한다.

무엇보다 중요한 원칙은 연금 계좌는 장기 보유를 전제로 설계된 만큼 단기 유행을 좇는 테마형 ETF보다는 주가지수 ETF와 글로벌 분산형 ETF를 중심으로 포트폴리오를 구성하는 것이 바람직하다는 점이다. 30~40대를 위한 포트폴리오 예시는 다음과 같다.

① 연금저축계좌	지수형 ETF 중심 성장형 포트폴리오
• 80%: 미국 S&P 500 ETF 중심, 나스닥 100 ETF로 일부 보완 • 20%: 글로벌 선진국 또는 전 세계 주가지수 ETF (예: 글로벌 주가지수) 　* 성장성과 글로벌 분산을 동시에 확보하여 장기 복리 효과를 극대화하는 전략이다.	
② IRP 계좌	위험자산 70% 한도를 고려한 안정형 포트폴리오
• 70%: 미국 S&P 500 ETF 중심 • 20%: TDF ETF • 10%: 채권형 ETF 또는 예금형 상품	

> * 연금저축계좌가 기본이며 600만 원 한도를 채운 뒤 추가 세제 혜택을 위해 300만 원을 더 납입할 경우 IRP로 운용한다. IRP는 위험자산 비중이 70%로 제한되므로 나머지 30%는 TDF나 채권형 ETF 같은 안정형 자산으로 구성한다.

그다음으로 실행 시스템 구축이다. 즉 자동화된 적립식 매수 시스템을 갖춘다. 연금 계좌에서 ETF를 장기적으로 운용하기 위해서는 시장의 변동성에 흔들리지 않도록 단순하고 일관된 적립식 시스템을 구축해야 한다. 실행 단계는 다음 3단계로 요약된다.

1단계	증권사 앱을 통해 연금저축계좌 개설
	• 증권사 앱을 통해 비대면으로 계좌 개설(수수료 저렴) • 미국 S&P 500 ETF 등 지수형 ETF 중심으로 핵심 포트폴리오 구성
2단계	600만 원 한도 초과 시 IRP 계좌 추가 개설
	• 연금저축 600만 원 한도를 채운 뒤 초과분은 IRP에 입금 • IRP는 연금저축과 합산하여 최대 900만 원까지 세액공제 가능 • IRP의 30%는 TDF ETF나 채권형 ETF 등 안정형 자산 편입
3단계	'자동이체 + 정기 매수' 기능 설정
	• 증권사 앱의 '모으기' 기능을 활용해 매월, 매년 자동 적립 설정 • 장기 복리 성장을 목표로 최소 20년 이상 유지 • 예시: 매년 400만 원 30년 적립 투자 시 최종 자산 약 4억 5,000만 원 　(수익률 8%: 지난 30년간 미국 S&P 500 연평균 상승률)

참고로 증권사 앱 '모으기' 기능을 통한 ETF 자동 매수에 관해 소개하고자 한다. 대부분의 증권사는 연금저축계좌를 통해 편리하게 적립식 투자 실행 기능을 제공하고 있다. 여기서는 국내 대표 증권사인 삼성증권을 예시로 '모으기' 기능을 소개하고자 한다. 삼성증권의 '주식모으기' 서비스는 설정 방법이 간단하다. 삼성증권 mPOP 앱을 열고 '주식·파생 → 국내주식 → 주식 모으기' 메뉴로

증권사 앱 '모으기' 기능 (삼성증권 예시)

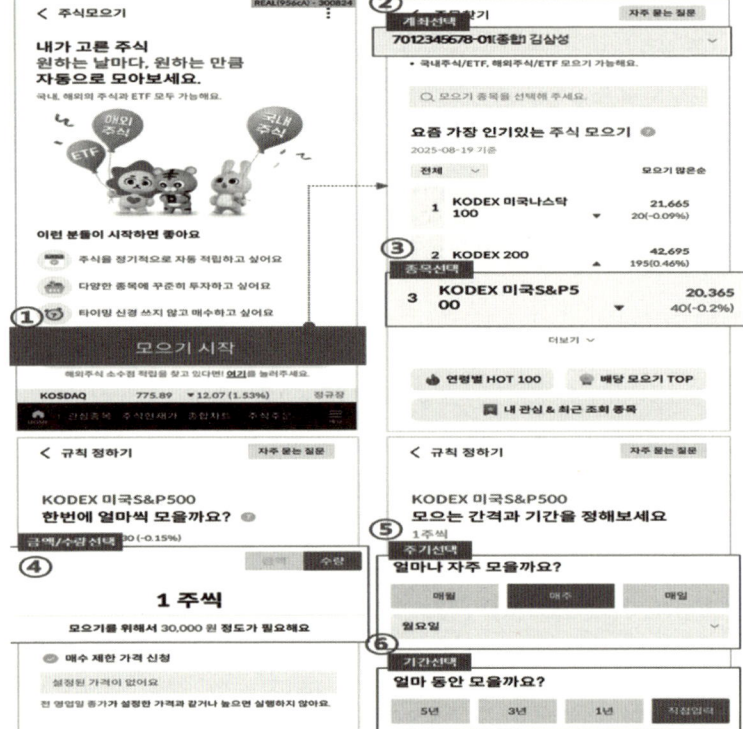

들어가 적립식 자동 매수를 실행하면 된다. 이 기능을 활용하면 ①원하는 ETF를 ②원하는 금액만큼 ③원하는 주기(매월·매주·매일)로 ④원하는 기간 동안 자동으로 매수할 수 있다.

포트폴리오의 구성과 전략은 생애주기에 따라 달라진다

ETF는 장기적으로 복리의 힘을 활용할 수 있는 구조를 갖추고 있다. 하지만 각자의 생애주기에 따라 포트폴리오의 구성과 전략

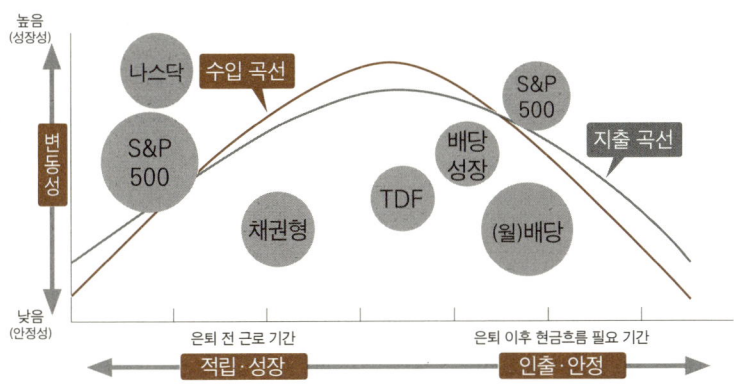

은 달라져야 한다.

20~40대는 성장형으로 가능한 한 빨리 시작해야 한다. 자산 규모는 작지만 '시간'이라는 가장 강력한 무기를 가진 시기다. 2030세대는 물론 40대라도 은퇴까지 10년 이상 남았다면 여전히 주식형 중심의 적립식 투자를 시작할 수 있다. 이 시기에는 자산을 '지키는' 것보다 '늘리는' 데 집중하는 것이 바람직하다.

투자는 포트폴리오의 80~90%를 연금저축 계좌를 활용하여 최대한 ETF에 배분하고 S&P 500과 나스닥 100, 글로벌 주가지수 ETF를 중심으로 구성하는 전략이 유효하다. 배당형 ETF는 필요하지 않으며 투자한다면 반드시 배당 재투자를 통해 복리 효과를 극대화해야 한다.

핵심은 자동 적립식 투자 시스템을 만들어 변동성에 흔들리지 않고 꾸준히 매수하는 습관을 들이는 것이다. 하락장은 두려움이 아니라 매수 기회다. 중요한 것은 최소 금액이라도 지금 당장 시작

연령대별 ETF 투자전략 비교

연령대	핵심 전략	포트폴리오 구성	주요 ETF 유형
20~40대	- 성장형, 장기 복리 효과	- 주식 80~90%, - 채권 10~20%	- S&P 500, 나스닥 100, 글로벌주식
50대	- 성장과 안정의 균형	- 주식 70% 이하, - 채권 30% 이상	- S&P 500, 장기채권 - TDF
60대 이후	- 현금흐름 재설계	- 주식 50% 이하 (적정 수준 유지) - 채권, 배당형 50% 이상	- S&P 500, 배당형, 단기채권형 - 배당성장형 - 월배당 커버드콜 - TDF

주) ETF는 자동 매수는 가능하나 매도는 직접 본인이 매도를 실행해야만 현금 확보 가능

하는 것이다.

50대는 성장과 안정의 균형이 필요한 시기다. 소득의 절정 구간에 진입하면서도 자녀 교육비와 주택 자금 등 현금 유출이 커지는 시기이기도 하다. 이 시기부터는 시장의 단기 충격에 대비하면서도 은퇴 이후 장기간 생활 자금을 준비해야 하는 단계다.

50대는 투자를 할 때 지수형 ETF의 비중은 70% 이하로 낮추되 채권형 ETF와 TDF ETF를 보완적으로 편입하는 것이 바람직하다. 다만 복리 성장을 유지하기 위해 S&P 500 ETF 등 주식형 비중은 최소 50% 이상 유지할 필요가 있다.

퇴직이나 이직 시 개인형퇴직연금IRP 계좌를 통해 복리 투자를 이어가야 하며 변동성이 큰 이머징 시장 주식이나 장기채권 ETF는 피하는 것이 좋다. 큰 손실은 심리적 압박을 키워 잘못된 결정을 가져올 수 있기 때문이다. 현금 수입이 필요하다면 배당형 ETF를 활용해 생활비를 충당하는 것도 방법이다.

60대 이후는 자산을 지키고 현금흐름을 재설계하는 시기다. 자산을 늘리는 것보다 지키고 활용하는 것이 우선이다. 은퇴가 다가오거나 이미 은퇴한 경우라면 수익률 자체보다 현금흐름의 안정성과 지속가능성이 더 중요하다. 지수형 ETF의 비중은 50%에서 20% 수준으로 점진적으로 줄여 나가고 배당형·월배당 ETF, TDF, 채권형 ETF의 비중을 확대하는 것이 바람직하다. 다만 예금만으로 운용하면 복리 효과가 사라지고 자산이 빨리 고갈될 위험이 있으므로 일정 부분은 S&P 500 ETF와 같은 주식형 자산을 유지해서 복리 성장을 이어가는 것이 중요하다.

이 시기에 가장 위험한 선택은 처음으로 개별주식에 투자하는 것이다. 큰 손실은 회복이 불가능할 수 있으므로 안정적 운용이 필수적이다. 생활비는 단기자금과 월배당 ETF를 통해 충당하고 주가지수 ETF의 예상치 못한 급락에 대비해 1년 치 생활비 정도는 현금으로 확보해 두는 것이 안전하다.

참고로 퇴직 후 운용수익률에 따른 연금 수령액 차이를 알아보자. 퇴직 후 매년 받을 수 있는 연금액은 운용수익률에 따라 크게 달라진다. 예를 들어 은퇴 시점에 5억 원의 자산이 있다고 가정해 보자. 이를 원리금 보장형(연 2%)으로 운용한다면 30년간 매년 약 2,230만 원(월 186만 원)을 받을 수 있다. 반면 S&P 500의 장기 평균수익률(연 8%)로 운용한다면 매년 약 4,440만 원(월 370만 원)을 30년 동안 인출할 수 있다. 수익률 차이는 6%포인트에 불과하지만 은퇴 후 생활 수준에는 두 배 가까운 격차를 만든다. 따라서 은

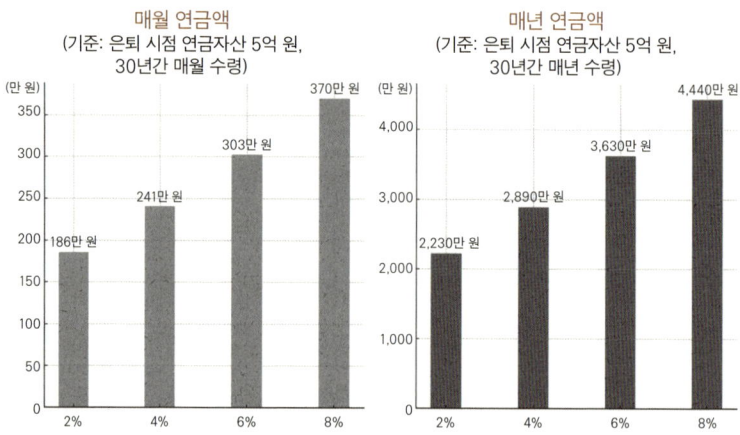

퇴 후도 일정 비중의 자산은 주식에 남겨두고 복리로 운용하는 것이 중요하다.

또한 반복적으로 강조했듯이 매년 400만 원씩 30년간 8% 수익률로 적립한다면 은퇴 시 약 4.5억 원이 모인다. 이는 은퇴 이후 안정적인 현금흐름을 만들 수 있는 핵심 기반 자산이 된다. 국민연금과 다른 연금 자산을 합산하면 노후에 충분히 여유 있는 삶이 가능하다.

퇴직 이후 운용수익률에 따른 매년 연금액 비교(30년)

은퇴자산액	2%	4%	6%	8%
3억 원	1,400만 원 (월 117만 원)	1,740만 원	2,180만 원	2,670만 원 (월 222만 원)
5억 원	2,230만 원 (월 186만 원)	2,890만 원	3,630만 원	4,440만 원 (월 370만 원)

[가정] 1. 30년간 매년 정액으로 연금 인출
         2. 30년 후 잔액은 0원, 30년간 전액 인출

 **투자 인사이트**

ETF 복리 성장을 실현하는 가장 현실적인 투자 시스템이다

- ETF란 특정 지수를 복제하여 주식처럼 시장에서 실시간으로 거래할 수 있게 만든 상품이다. 낮은 수수료와 완전 분산 및 복리 효과로 인해 미래 자산 형성을 위한 핵심 자산이다. 그중에서 주가지수 ETF는 자산을 키우는 가장 강력한 수단이다.

- ETF 투자 전략의 3대 원칙
  ① 정액적립식 투자: '자동이체 + 정기 매수'의 자동 투자 시스템
  ② 포트폴리오 구성: 핵심-주변 전략
    - 핵심(70%): S&P 500, 나스닥 100 ETF 등 지수형 ETF로 장기 복리 효과 극대화
    - 주변(30%): 섹터 ETF 등으로 경험 축적 및 시장 기회 활용
  ③ 절세 계좌 활용: 연금저축계좌와 개인형퇴직연금IRP 계좌

- 주의해야 할 ETF 유형
  - 유행을 좇기 쉽고 변동성이 큰 테마형 ETF, 단기 시장 대응용인 레버리지 ETF, 운용자 전략이 개입되기 때문에 구조 파악이 필수인 액티브 ETF가 있다.

- 연령대별 ETF 전략

20~40대	주식형 ETF 80~90%, 성장형 중심, 자동이체 습관화
50대	채권 및 배당형 비중 확대
60대 이후	배당·월배당·채권형 ETF 중심, 주식형 ETF 일정 수준 유지

2
퇴직연금과 연금저축은 강력한 복리 엔진이다

 퇴직연금은 직장인에게 노후 자산 형성의 출발점이다. 하지만 많은 사람은 '퇴직연금만으로는 부족하지 않을까?'라는 막연한 불안 속에서 이 제도의 진짜 힘을 제대로 활용하지 못한다. 정작 문제는 제도 자체의 한계가 아니라 운용수익률이다. 같은 금액을 적립하더라도 원리금보장형의 2%대 수익률과 주가지수 ETF의 8~10% 수익률 차이는 20~30년 뒤 복리의 가속도 효과로 수억 원의 격차를 만든다.
 복리의 힘이 작동하느냐는 어떤 상품에 투자했는가에 달려 있다. 미국의 401(k)나 개인은퇴계좌IRP가 노후 부의 원천이 된 이유도 주식형 자산에 장기 투자하며 복리 수익을 축적했기 때문이다. 반면 한국의 퇴직연금은 여전히 원리금 보장형에 머물러 실질 성

장의 기회를 잃고 있다. 퇴직연금은 단순한 제도가 아니다. 퇴직 시까지 인출 제한으로 장기 복리 효과를 누릴 수 있는 '가장 강력한 장기 투자 플랫폼'이다. 제대로 운용한다면 퇴직연금만으로도 노후 재정적 안정을 누릴 수 있다.

퇴직연금, 이것 하나로도 충분하다

이처럼 30대 직장인들이 퇴직연금을 갖고 있으면서도 노후의 재정적 안정에 대해 불안을 느끼는 것은 왜일까? 이러한 불안을 떨쳐내려면 무엇보다 수익률 차이가 만드는 자산 격차를 알아야 한다. 가령 매년 1,000만 원씩 퇴직연금에 적립된다고 가정하자. 만약 30년 동안 연 2%의 수익률로 운용된다면 은퇴 시점에 모인 자산은 약 4억 원에 불과하다. 반면 같은 기간 연 8% 수익률을 거둔다면 자산은 11억 원 수준으로 커진다. 같은 돈을 넣었지만 운용수익률의 차이만으로 무려 7억 원 이상의 격차가 벌어지는 것이다.

이 차이는 단순한 숫자의 문제가 아니다. 다음 표에서 전형적인 한국과 미국의 50대 근로자의 퇴직금과 퇴직 후 계획을 비교해 보았다. 2% 수익률로는 은퇴 이후에도 생활비를 충당하기 위해 계속 일해야 할 수 있다. 반대로 8% 수익률이라면 여행, 여가, 기부와 같은 의미 있는 활동을 누리며 여유로운 노년을 맞이할 수 있다. 결국 은퇴 이후 삶의 질을 좌우하는 것은 퇴직연금의 존재 여부가 아니라 그 수익률이다.

미국 은퇴자들이 비교적 여유로운 노후를 보내는 이유는 명확하

퇴직연금이 만든 한국과 미국 50대의 차이 예시

	제임스(미국)	이모씨(한국)
직업	미 유통업체 재직 중	건설사 퇴직 후 각종 공공 근로
최고 연봉	약 1억 원	약 1억 원
퇴직연금 적립금 (연평균 수익률)	약 13억 원 (8%대)	중간 정산 후 5,000만 원(1~2%대)
퇴직 후 계획	해외여행	재취업(생활비)

주) 매년 8,000달러(1,200만 원)로 30년 복리(8%) 투자 시 90만 달러

다. 젊은 시절부터 주식시장에 장기적으로 참여해 퇴직연금을 불려 왔기 때문이다. 401(k)나 개인은퇴계좌IRP는 주식형 자산의 비중이 높아 장기간 평균 8~10%의 수익률을 기록했고 복리 효과가 크게 작동했다.

반면 한국의 퇴직연금은 제도적 장치는 마련되어 있음에도 불구하고 여전히 원리금 보장형 상품에 치중되어 있다. 전체 자산의 대부분이 사실상 예금과 다르지 않은 상품에 묶여 있어 평균수익률이 2% 수준에 불과해 복리의 힘은 거의 작동하지 못한다. 이는 제도의 한계라기보다 운용 방식의 문제다. 또한 투자자 스스로가 위험을 회피하려는 수준을 넘어 실질적으로 운용을 관리하지 않은 결과이기도 하다.

결국 우리가 두려워할 것은 퇴직연금 제도의 부족함이 아니다. 진짜 문제는 낮은 수익률이다. 퇴직연금도 주가지수 ETF에 장기 투자한다면 충분히 복리의 힘이 작동한다. 따라서 은퇴 후 삶의 질을 결정짓는 핵심 변수는 얼마나 적립했느냐가 아니라 어떻게 운

한국과 미국의 퇴직연금제도 비교

구분	한국	미국
대표 제도	- DB(50%), DC(30%), IRP(20%)	- 401(k), 개인은퇴계좌IRA
운용 주체	- DB(회사), DC/IRP(근로자)	- 401(k)/IRA(근로자)
회사 기여금	- 연간 급여 총액의 1/12	- 401(k): 근로자 납입액에 일정비율로 매칭(회사별 상이)
퇴직 급여	- DB: 퇴직 전 3개월 평균임금×근속연수 - DC/IRP: 운용 성과에 따라 변동	- 401(k), IRA: 운용 성과에 따라 변동
세제 혜택	- 퇴직연금: 퇴직소득세, 연금 수령 시 혜택 (IRP는 연간 최대 900만 원 세액공제)	- 전통적 IRA: 납입 시 소득공제, 퇴직 후 인출 시 퇴직소득세 - 로스(Roth) IRA: 납입 시 혜택 없음. 인출 시 원금과 수익 전체 비과세
운용 특징	- DB: 원리보장형 중심 안정적 운용 - DC/IRP: 원리보장형 비중 72%(2024년) → 총 원리보장형 비중 83%	- 실적배당형 중심: 주식 비중 70%
운용 수익률	- 원리보장형 운용수익률: 2% 수준	- 실적배당형 중심, S&P 500 수익률과 유사 8~10%
운용 철학	- 안정성 위주의 보수적 운용	- 장기 수익 추구

용했느냐에 달려 있다.

다시 말해 퇴직연금 하나만으로도 충분하다. 다만 그것을 안전한 원리금 보장형에 묶어두느냐, 아니면 장기적 복리를 만들어내는 자산에 투자하느냐에 따라 은퇴 후 삶은 전혀 다른 모습이 될 수 있다. 결국 노후를 좌우하는 것은 제도가 아니라 수익률과 운용 철학이다.

퇴직연금은 핵심 전략의 심장이다. 퇴직연금은 단순한 연금이 아니다. 장기 복리의 출발점이자 직장인의 투자 전략에서 가장 중심이 되는 핵심 자산이다. 이 책에서 제안하는 핵심 - 주변 전략에서 핵심이란 장기적으로 안정적 수익을 창출하는 중심 자산을 의미한다. 퇴직연금은 정기적으로 적립되고 장기간 묶여 있으며 일부 세제 혜택까지 갖추었기 때문에 핵심 자산으로서 완벽한 요건을 갖추고 있다. 퇴직연금이 8% 내외의 복리수익률을 안정적으로 제공하는 자산에 투자되어 있다면 일반 계좌나 여유 자산은 더 유연하게 주변 전략으로 운용할 수 있다. 퇴직연금이 중심을 잡아줄수록 전체 포트폴리오는 안정과 성장의 균형을 이루게 된다.

그러나 한국의 퇴직연금은 미국과 유사한 제도를 갖추고 있음에도 불구하고 여전히 원리금 보장형 상품에 머물러 있으며 퇴직 시점에 중도 인출하거나 퇴직 시 퇴직IRP로 승계하지 않아 복리의 연결고리가 끊어지는 경우가 많다. 제도는 존재하지만 실질적인 자산 형성은 실패하고 있는 셈이다.

퇴직연금 전략을 세우려면 먼저 제도의 유형을 이해해야 한다. 우리나라 퇴직연금은 대기업을 중심으로 확정급여형$_{DB}$이 주류를 이루고 있다. 확정급여형$_{DB}$은 퇴직금이 퇴직 시 평균임금(최종 3개월)을 기준으로 산정된다. 운용은 회사가 담당하므로 근로자 개인은 자산을 직접 운용할 수 없다. 따라서 확정급여형$_{DB}$ 가입자에게는 자산 운용보다는 승진과 연봉 상승 등 소득 상승이 중요하다.

반면에 확정기여형$_{DC}$은 매년 납입되는 퇴직연금 적립금을 근로자가 직접 운용해야 한다. 이 경우 S&P 500 ETF와 같은 주식형 자산에 최대 70%까지 투자할 수 있다. 운용 성과가 곧 퇴직 후 자

DB와 DC

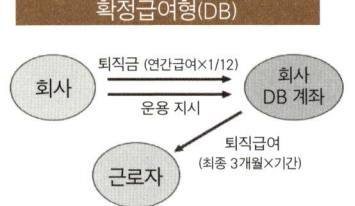

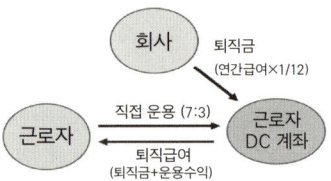

- 퇴직 직전 3개월 평균임금 × 근속기간
- 최종 퇴직급여: 회사 보장
- 변수: 임금상승률, 승진기회, 근속기간
- 안정적 대기업 중심

- 매년 1개월분 급여 적립금 합계 + 운용 수익
- 최종 퇴직급여: 운용 수익에 의해 결정
- 변수: 운용 능력
- 연봉제, 중소기업 직장인, 임금피크정년제
- 투자 운용: IRP와 동일

산 규모를 좌우한다. 따라서 이 책의 핵심 전략은 주로 확정기여형 DC 가입자 또는 개인형퇴직연금IRP 계좌를 직접 운용하는 개인을 중심으로 설계되어 있다. 이들은 자산 운용에 주도권을 갖고 복리 수익률을 높이는 전략을 스스로 수립하고 실행할 수 있다.

여기서 우리나라 연금의 3층 보장 구조에 대해 알아보자. 우리나라 연금은 크게 나누면 국가가 보장하는 국민연금, 기업이 보장하는 퇴직연금인 확정급여형DB · 확정기여형DC · 퇴직IRP, 개인이 준비하는 연금저축 · 저축IRP · 연금보험의 3층 구조로 되어 있다. 이 책에서는 이 가운데 기업이 보장하는 확정기여형DC 퇴직연금, 개인이 불입하는 연금저축과 저축IRP를 중심으로 다루었다. 이 계좌들이야말로 주식 투자를 통한 복리 효과와 세제 혜택을 동시에 활용할 수 있는 연금 자산 축적의 핵심이기 때문이다.

참고로 개인형퇴직연금IRP 계좌는 연금저축처럼 추가 납입하여 세제 혜택을 받는 것을 편의상 개인형퇴직연금IRP 또는 '저축IRP',

우리나라 연금의 3층 보장 구조

개인 보장	연금저축(펀드)	저축IRP	연금보험
기업 보장	DB	DC	퇴직IRP
국가 보장	국민연금 (기초연금)		

그리고 퇴직 때 퇴직금 지급이나 이전을 위해 사용하는 개인형퇴직연금IRP 계좌를 '퇴직IRP'라고 구분하여 부른다. 운용 방식은 동일하지만 개인형퇴직연금IRP 계좌는 전액 해지만 가능하다. 따라서 퇴직IRP 계좌를 별도로 개설하여 저축IRP와 분리해서 운용하는 것이 바람직하다.

보험회사가 취급하는 상품으로는 세제 혜택이 적용되는 연금저축보험과 비과세 혜택이 주어지는 개인연금보험이 있다. 이들은 금리와 연동되어 안정적인 현금흐름을 제공하는 것이 특징이다. 다만 이 책은 투자형 상품을 중심으로 다루기 때문에 이에 대한 자세한 논의는 생략했다.

흔히 연금의 3층 구조를 피라미드 형태로 설명하며 국민연금을 가장 큰 기반으로 표시한다. 그러나 한국의 현실에서는 국민연금의 불확실성과 기업 보장의 한계로 인해 개인이 준비하는 부분이 점점 더 커질 수밖에 없다. 따라서 각자는 자신의 미래 연금액을 확인해 보고, 특히 젊은 세대일수록 주식 자산 확대를 통해 복리 효과를 극대화하는 핵심 전략을 실행해야 한다. 아울러 연금제도는 제도 변경이 잦기 때문에 늘 관심을 가지고 변화를 살피는 것

400만 원(월 33만 원) 연금 납입의 수익률 차이 효과

(퇴직연금, 연금저축, IRP 계좌)

	수익률		10년 (50대 시작)	20년 (40대 시작)	30년 (30대 시작)
매년 400만 원 (월 33만 원)	2%	원금	4,000만	8,000만	1억 2,000만
		수익	380만	1,719만	4,227만 (35%)
		총액	4,380만	9,719만	1억 6,227만
	8%	수익	1,795만	1억 305만	3억 3,313만 (278%)
		총액	5,795만	1억 8,305만	4억 5,313만

주) 1. 연금저축계좌와 IRP 계좌는 연간 900만 원 한도 내에서 연말정산 시 세제 혜택 (13.2%, 16.5%)

2. 수수료가 높은 일반펀드(1%)로 운용해서 실질수익률이 7%일 경우 30년 후 총수익은 3억 7,784만 원으로 8% 대비 수익률 차이는 -63% 포인트, 수익금액 차이는 약 8,000만 원 감소

이 중요하다.

노후를 가르는 퇴직연금의 절대적 변수는 수익률이다

퇴직연금의 성패는 수익률이 좌우한다. 같은 금액을 적립하더라도 수익률에 따라 30년 후의 결과는 전혀 달라진다. 이것이 바로 복리의 힘이며 은퇴 이후 삶의 질을 결정짓는 가장 중요한 변수다.

많은 직장인이 "투자할 여력이 없다."라고 말한다. 그런데 퇴직연금은 별도의 자금을 마련하지 않아도 회사가 매년 일정 금액을 대신 적립해 주는 자산이다. 대체로 한 달 치 급여가 매년 퇴직연금으로 쌓인다. 이 자산이 장기간 복리로 운용된다면 은퇴 시점에 매우 큰 차이를 만들어낸다.

가령 매년 400만 원이 퇴직연금으로 적립된다고 가정해 보자. 30년 동안 연 2%의 수익률로 운용된다면 은퇴 시점에 약 1억 6,000만 원이 모인다. 하지만 같은 돈을 연 8%의 수익률로 운용한다면 자산은 약 4억 5,000만 원으로 불어난다. 단지 6%포인트의 차이일 뿐인데 결과적으로 3억 원 가까운 격차가 발생한다. 이 격차가 개인의 노력이나 의지와 무관하게 어떤 수익률의 자산에 투자했는가에 따라 자동으로 만들어진다는 사실이 중요하다.

수익률만큼이나 비용도 장기 성과에 큰 차이를 만든다. 동일한 S&P 500 지수에 투자하더라도 수수료가 낮은 ETF와 수수료가 1%포인트 높은 일반 펀드의 성과는 30년 후 크게 달라진다. 수익률이 8%일 경우 누적 수익률은 278%에 이른다. 하지만 7%로 줄어들면 215%에 그쳐 장기적으로 약 63%포인트의 격차가 벌어진다. 작은 비용의 차이가 수십 년 후에는 엄청난 자산 격차로 이어지는 것이다.

여기에 부부가 각자 연금 계좌에 같은 금액을 투자한다고 가정해 보자. 두 사람이 함께 30년간 투자할 경우 총연금 자산은 약 9억 원에 이른다. 이는 현재 한국 상위 10% 가구의 순자산 기준액인 약 10억 원과 맞먹는 규모다. 상위 가구의 자산 대부분이 부동산에 묶여 있는 것과 달리 연금으로 형성된 자산은 현금화가 가능하고 노후에 꾸준한 현금흐름을 제공한다는 점에서 훨씬 실질적인 자산이다.

따라서 "나는 부동산 투자도 어렵고 목돈도 없다."고 말하는 3040세대 직장인에게 퇴직연금은 가장 현실적이고 강력한 전략이다. 복리와 시간을 동력으로 삼는다면 소박한 적립이 인생을 바꾸는 자산으로 성장할 수 있다. 복리와 시간 그리고 자동 적립이 결합할 때 가장 확실한 부의 전략이 완성되는 것이다.

그렇다면 어떤 자산이 이러한 수익률을 만들어줄 수 있을까? 해답 중 하나가 바로 미국의 S&P 500 ETF다. S&P 500 지수는 지난 수십 년간 연평균 8~10%의 수익률을 기록하며 장기 복리에 최적화된 자산임을 입증해 왔다. 퇴직연금 확정기여형DC이나 개인형퇴직연금IRP 계좌에서 은퇴 자산을 키우기 위한 핵심 자산으로 가장 먼저 담아야 할 투자 상품이라 할 수 있다.

퇴직연금은 중단 없이 운용될 때 효과를 발휘한다

퇴직연금은 장기 복리의 힘을 활용해 직장인이 노후 자산을 형성하는 핵심 수단이다. 그러나 복리의 씨앗이 열매를 맺기도 전에 스스로 줄기를 잘라버리는 경우가 많다. 가장 흔한 실수는 퇴직연금을 중도에 해지, 일시금 수령, 또는 이직 시 퇴직IRP로 승계하지 않는 것이다.

실제 2023년 기준으로 퇴직연금 계좌 중에서 연금으로 수령된 비율은 10%에 불과하다. 나머지 90%는 해지되어 일시금으로 인출되었다. 이러한 행동은 복리 구조 자체를 파괴한다. 퇴직연금은 장기적으로 적립되고 운용될 때만 자산 증식 효과를 발휘한다. 퇴직 시점에서 해지하거나 이직 후 퇴직IRP로 승계하지 않으면 복리의 시계는 멈추게 된다.

확정급여형DB 퇴직연금에 가입된 근로자라도 퇴직급여는 일단 퇴직IRP 계좌로 입금된다. 퇴직소득세를 줄이려면 10년 이상 분할 수령이 유리하므로 퇴직IRP 계좌를 어떻게 운용하느냐가 노후 자산 규모를 좌우한다. 또한 직장을 옮길 때는 반드시 퇴직금을 퇴직IRP로 이체해 복리 효과를 이어가야 한다.

사람들은 퇴직금을 '과거의 보상'처럼 생각한다. 그러나 퇴직금은 미래의 월급이며 은퇴 이후 삶의 질을 결정짓는 소득 자산이다. 그 가치를 지키려면 인출의 유혹을 이겨내고 복리의 길을 선택해야 한다. 무엇보다 중요한 것은 퇴직IRP 계좌를 장기적으로 운용할 수 있는 역량을 키우는 일이다.

연금저축과 개인형퇴직연금IRP으로 더 큰 효과를 얻자

퇴직연금이 회사가 제공하는 기본적인 노후 자산이라면 연금저축과 개인형퇴직연금IRP은 개인이 스스로 준비하는 노후 자산의 두 번째 축이다. 특히 퇴직연금이 부족하거나 아예 가입 대상이 아닌 경우 이 두 계좌는 복리 효과와 세제 혜택을 동시에 누릴 수 있는 전략적 투자 플랫폼이 된다.

연금저축과 개인형퇴직연금IRP은 어떤 사람에게 필요한가? 첫째, 퇴직연금이 없는 사람이다. 프리랜서, 자영업자, 비정규직 근로자처럼 회사로부터 퇴직연금을 받지 못하는 사람은 연금저축이나 개인형퇴직연금IRP 계좌를 개설해 스스로 노후를 준비해야 한다.

둘째, 확정급여형DB 퇴직연금 또는 직역연금만으로 부족한 사람이다. 확정급여형DB 퇴직연금에 가입한 직장인 그리고 공무원·군인·사립학교 교직원처럼 직역연금에 가입한 사람도 은퇴 이후 필요한 생활비에 비해 퇴직급여가 부족하다고 느낀다면 연금저축이나 개인형퇴직연금IRP을 통해 보완 자산을 마련할 필요가 있다.

셋째, 퇴직연금이 있더라도 생활비가 걱정되는 직장인이다. 퇴직연금제도가 있어도 은퇴 후 30년 이상 지속되는 삶에 필요한 생활비를 충당하기에는 자산이 부족할 수 있다. 이 경우 연금저축이나 IRP로 추가적인 노후 대비가 필요하다.

넷째, 연말정산에서 절세 혜택을 받고 싶은 직장인이다. 연금저축과 IRP를 통해 연간 최대 900만 원까지 세액공제 혜택을 받을 수 있다. 고소득 직장인이라면 절세와 노후 대비를 동시에 이룰 수 있는 수단이다.

다섯째, 퇴직연금제도가 운영되지 않는 회사에 다니는 경우다. 2024년 말 기준으로 전체 근로자의 47%는 퇴직연금에 가입되어 있지 않다. 이들은 연금저축계좌를 활용해 적은 금액부터라도 장기 복리 적립을 시작하면 미래에 매우 유용한 자산을 만들 수 있다.

여섯째, 퇴직금을 효율적으로 운용하고 싶은 퇴직자다. 퇴직금은 반드시 퇴직IRP 계좌로 수령해야 퇴직소득세를 줄일 수 있다. 또한 퇴직IRP 계좌를 통해 10년 이상 분할 수령하면 세 부담이 줄어들고 노후의 안정적인 현금흐름을 확보할 수 있다.

일곱째, 여유자금이 있거나 퇴직 후에도 소득이 계속 발생하는 사람이다. 퇴직 후 강의, 자문, 프리랜서 소득이 있거나 여유자금

연금 계좌의 세금 혜택: 복리투자 재원

	연간한도	세액공제율	세액공제 환급금(최대)
연금저축	600만 원	총급여 5,500만 원 기준 13.2%(초과) 또는 16.5%(이하)	99만 원 (600만×16.5%)
IRP(저축IRP)	300만 원		49만 5,000원
합산	900만 원		148만 5,000원

을 운용하고 싶다면 연금저축이나 저축IRP 계좌를 활용하는 것이 좋다. 이 계좌에 납입하면 세액공제 혜택을 받을 수 있고 국내에 상장된 해외 ETF 등에 투자해 과세를 이연하면서 복리로 운용할 수 있다. 5년 이상 유지 후 연금으로 수령하면 낮은 연금 소득세율(3.3~5.5%)이 적용된다.

연금 계좌는 세금까지 일하게 만드는 복리 구조다. 연금저축과 개인형퇴직연금IRP은 단순히 납입금을 불리는 계좌가 아니다. 세액공제를 통해 '세금마저 일하게 만드는 복리 플랫폼'이다. 납입금에 대해 세액공제를 받을 수 있다는 것은 단순한 절세가 아니다. 환급금이 통장에 입금되는 순간 그것은 '즉각적인 수익'이다. 예컨대 연말정산을 통해 50만~150만 원 수준의 세금을 환급받고 이를 다시 연금 계좌에 납입해 운용한다면 복리 효과는 더욱 강력해진다. 연금저축은 원금과 수익뿐 아니라 세금까지도 복리의 엔진 속에서 함께 작동하는 구조이다.

결국 연금저축과 개인형퇴직연금IRP은 퇴직연금의 부족을 채우고 세금을 줄이며 복리로 자산을 증식할 수 있는 가장 강력한 장기 투자 플랫폼이다. 지금 시작하면 은퇴 후에는 안정적인 '현금흐름을 만들어내는 자산'을 확보하게 된다.

S&P 500 ETF 투자는 연금 계좌의 핵심 자산이다

지금까지 연금 계좌에 얼마를 넣을 것인지, 어떤 절세 혜택이 주어지는지 살펴보았다. 하지만 더 중요한 질문이 남아 있다. "연금 계좌 안에서 어떤 자산에 투자해야 하는가?"라는 물음이다. 결론부터 말하자면 장기 복리와 안정성을 동시에 확보하려면 연금 계좌 안에는 복잡하지 않고 검증된 자산, 즉 S&P 500 ETF를 담는 것이 가장 효과적이다.

S&P 500 ETF는 연금 계좌의 핵심 자산이다. S&P 500 ETF는 미국을 대표하는 500개 대형 기업에 분산투자를 하는 지수형 상품으로서 지난 수십 년 동안 연평균 8~10%의 복리수익률을 기록해 왔다. 장기 복리에 적합한 우량 자산일 뿐만 아니라 시장 전체에 분산된 구조 덕분에 개별 기업의 위험을 최소화한다. 또한 운용 보수가 낮고 투명성이 높아 투자자들이 낮은 거래 비용으로 쉽게 접근할 수 있다는 장점이 있다.

퇴직연금, 연금저축, 개인형퇴직연금IRP은 어디서든 S&P 500 ETF 한 종목만으로도 연금 자산의 핵심을 완성할 수 있다. 다른 복잡한 전략 없이도 단일 자산만으로 장기 복리의 엔진을 가동할 수 있으며 시장의 단기 변동성에도 흔들리지 않고 꾸준히 적립할 수 있는 자산이라는 점에서 그 가치가 크다.

물론 글로벌 분산투자라는 관점에서 미국 외 지역을 고려할 수

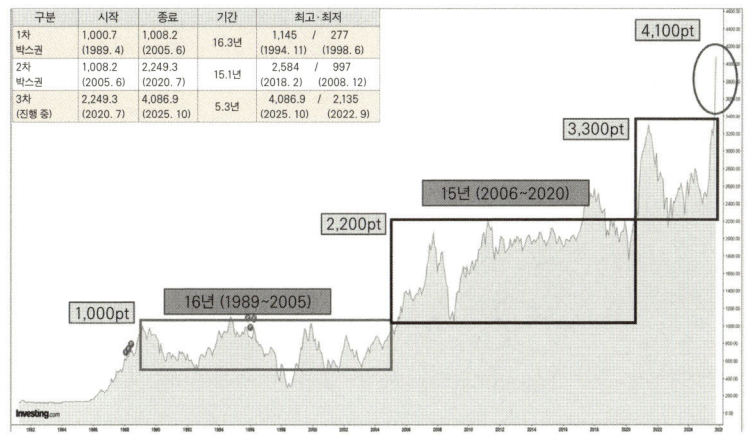

장기 박스권의 코스피 지수

있다. 그러나 주식의 장기 성과는 결국 기업들의 혁신, 지속성장, 주주 환원 정책, 투자자 보호 제도, 자본시장의 투명성 등에 의해 결정된다. 지금까지 이러한 조건을 가장 잘 갖춘 시장은 미국이었다. 앞으로도 글로벌 어느 주식시장도 장기 성과에서 S&P 500 지수를 능가할 가능성은 크지 않을 것이다.

연금 계좌는 본질적으로 장기 투자를 위한 계좌다. 따라서 구조가 복잡하거나 불투명한 상품, 예를 들어 주가연계증권ELS, 리츠, 원자재 파생상품, 원금보장형 구조화 상품 등은 적합하지 않다. 이들 상품은 대체로 보수가 높고 장기 수익률은 낮은 데다가 투자자의 판단을 흐려 불필요한 매매를 유발해 복리 구조를 훼손할 수 있다.

그런데 왜 코스피 200 ETF는 핵심 자산으로 적합하지 않을까? 위의 그래프에서 보듯이 코스피 지수는 1989년 1,000포인트를 돌파한 이후 지난 35년 동안 대부분 1,000~3,000포인트 범위에 머물렀다. 장기간 박스권에 갇혀 있다가 계단식으로 상승하는 구조를 반복해 왔다. 2025년 하반기의 급등을 제외하면 지난 36년간 연평균 수익률은 약 3% 수준에 불과했다.

내가 코스피 200 ETF를 핵심 자산이 아니라 주변 자산으로 분류하는 이유는 단순히 과거 성과 때문만이 아니다. 본질적인 이유는 두 가지다. 첫째, 기업 이익의 높은 변동성이다. 한국증시는 반도체, 자동차, 조선, 철강 등 경기 민감 업종에 집중되어 있다. 이 때문에 글로벌 경기 사이클에 따라 실적이 크게 출렁이고 주가 변동성 역시 높아 장기 복리 효과가 약화된다.

둘째, 지배구조의 복잡성이다. 한국은 지주회사뿐 아니라 주요 자회사까지 동시에 상장되거나 순환출자 구조 속에서 회사들이 복잡하게 얽혀 있는 경우가 많다. 그러다 보니 의사결정 과정이 불투명하고 기업의 가치를 평가하기도 어렵다. 또한 배당과 같은 주주환원 정책이 미약하고 소액주주의 권익도 쉽게 침해된다.

시간이 지나면서 배당 확대, 자사주 매입과 소각, 자본시장의 투명성 강화, 투자자 보호 제도는 점진적으로 개선될 것이다. 그러나 기업 이익의 높은 변동성과 지배구조 문제는 단기간에 해소되기 쉽지 않다. 이러한 이유로 코스피 200 ETF는 은퇴 자산을 장기간 맡길 핵심 자산으로는 아직은 적합하지 않다. 그럼에도 나는 언젠가 한국증시가 구조적 한계를 극복하고 미국처럼 장기적으로 우상향하는 시장으로 자리매김하길 진심으로 기대한다.

한편 직접 ETF 운용이나 자산 배분 조정이 어려울 때 TDF가 대안이 될 수 있다. TDF는 Target Date Fund의 줄임말로 은퇴 시점을 기준으로 자산 배분을 자동으로 조정하는 펀드다. 연금 계좌의 핵심 자산은 S&P 500 ETF로 충분하다. 그러나 모든 투자자가 직접 ETF를 운용하거나 생애 단계별로 자산 배분을 조정하는 것이 쉬운 일은 아니다. 이럴 때 활용할 수 있는 투자 상품이 바로 TDF다.

TDF는 초기에는 주식 비중을 높게 유지하다가 은퇴 시점이 가까워질수록 채권 비중을 늘려 변동성을 줄이는 구조다. '생애주기형 펀드'라고 불리는 것처럼 시간이 지나면서 자산 배분이 조정된다는 것이 장점이다. 따라서 연금저축계좌나 개인형퇴직연금IRP, 확정기여형DC 계좌에서 TDF 하나만으로도 전액 운용이 가능하다.

다만 TDF를 활용할 때는 몇 가지 유의할 점이 있다. 첫째, TDF는 운용사가 어떤 자산을 편입하느냐에 따라 성과가 달라진다. 최근에는 글로벌 주가지수 ETF나 금과 같은 대체 자산을 포함하는 TDF도 등장하고 있으므로 투자자는 반드시 편입된 자산 구성을 확인해야 한다.

둘째, ETF가 투자시장의 주류 상품으로 자리 잡으면서 과거 펀드 형태로만 제공되던 TDF도 이제는 ETF 형태로 출시되고 있다. ETF형 TDF는 저렴한 보수와 거래 편의성 덕분에 투자자의 선택 폭을 넓혀준다.

TDF ETF는 개인형퇴직연금IRP이나 확정기여형DC 계좌에서 법적으로 안전자산으로 분류되지만, 현행 규정상 실제로는 주식형 자산을 최대 80%까지 편입할 수 있다. 따라서 개인형퇴직연금IRP

KODEX TDF2060 액티브 ETF의 생애주기 단계별 자동 리밸런싱 플랜

구분(년)	2025	2030	2035	2045	2055	2060	2065	2070
글로벌주식	80%	80%	72%	56%	40%	32%	22%	20%
국내채권	20%	20%	28%	44%	60%	68%	78%	80%

자산 축적기: 위험자산 (글로벌 주식)
자산 증식과 자산 보존을 동시에 추구 [은퇴 전 30년~은퇴 시점] 매년 주식 비중 -1.6%
자산 보존을 위한 안정적 투자 추구: 안정자산 (국내채권) [은퇴 시점 이후] 매년 주식 비중 -2.0%

※ 자료: 삼성자산운용 ※ 2025년부터 2070년까지의 글라이드 패스입니다. 상기 내용은 향후 시장 사항에 따라 포트폴리오 구성종목 및 비중이 달라질 수 있습니다.

이나 확정기여형$_{DC}$ 계좌의 위험자산 한도가 70%로 제한되어 있더라도 TDF ETF를 활용하면 계좌 전체의 주식 비중을 사실상 90% 수준까지 높일 수 있다(위험자산 70% + 안전자산 30% × 주식형 80%). 이는 장기 복리 효과를 극대화하는 데 유리하다. 다만 주식형 자산의 편입 한도 등은 규정 개정에 따라 달라질 수 있으므로 가입 시 반드시 확인해야 한다.

이와 관련하여 KODEX TDF2060액티브 ETF 상품을 예시로 살펴보자. 상품명에 붙은 숫자는 가상의 은퇴 연도를 의미한다. 은퇴 시점이 멀수록 주식형 자산의 비중이 더 높게 유지된다. 또한 '액티브'라는 명칭은 주식과 채권 등 자산 유형과 비중을 운용사가 적극적으로 조정한다는 뜻이다. 예를 들어 KODEX TDF2060액티브 ETF는 은퇴 시점이 아직 멀기 때문에 주식형 자산 비중이 약 80%로 높게 시작한다. 현재 포트폴리오는 S&P 500 ETF 30%, 글로벌 주가지수 ETF 50%, 국내 채권 20%로 구성되어 있다. 하지만 시간이 흐르면서 은퇴가 가까워질수록 주식 비중은 점진적으로 줄고 채권 비중은 늘어나도록 자동으로 조정된다(그림 참조). 이는 '생애주기형 펀드'라는 이름처럼 투자자의 라이프사이클에 맞춰 위험과 수익을 균형 있게 관리하기 위한 구조다.

핵심 전략을 완성하는 두 개의 축은 ETF와 연금이다. 우리는 지금까지 연금이라는 제도를 단순한 은퇴 준비 수단이 아니라 장기 복리 전략의 핵심 도구로 바라보는 관점을 살펴보았다. 그 중심에는 두 가지 질문이 있었다. 첫째, 무엇에 투자할 것인가? 둘째, 어디서 투자할 것인가? 이 두 질문의 답을 연결하면 핵심 전략의 실천이 완성된다.

그 해답은 명확하다. ETF는 '무엇에 투자할까?'에 대한 답이다. 특히 S&P 500 ETF는 복리수익률, 분산 효과, 낮은 보수, 장기 안정성이라는 모든 요건을 갖춘 전략 자산이다. 연금 계좌는 '어떤 계좌를 통해서 (어디서) 투자할까?'에 대한 답이다. 퇴직연금, 연금저축, 개인형퇴직연금IRP은 세금마저 복리의 엔진에 태우는 장기 투자 플랫폼이다.

이 두 축을 결합하는 것이 바로 핵심 전략의 완성이다. ETF를 연금 계좌 안에서 매수하면 복리와 절세가 동시에 작동하여 자산 형성을 위한 가장 강력하고 효율적인 전략이 된다. 개인이 선택할 수 있는 투자 방법 가운데 이보다 단순하면서도 강력한 조합은 없다.

[실전 사례] 'ETF+연금 계좌'를 이용한 실전 투자 로드맵

앞서 살펴본 것처럼 미래 자산 형성의 핵심 전략은 S&P 500 ETF와 같은 주가지수 ETF를 연금 계좌에서 장기적으로 적립해 나가는 것이다. 이렇게 하면 세금까지 복리 구조 속에서 운용되어 자산 성장 효과가 극대화된다. 이제 이 전략을 실제로 어떻게 실행할 수 있는지 단계별 로드맵을 제시한다.

[1단계] 퇴직연금 가입 형태 확인하기
내가 다니는 회사가 퇴직연금 제도를 운용하고 있는지 그리고 확정급여형$_{DB}$인지, 확정기여형$_{DC}$인지 확인한다.

[2단계] 확정기여형$_{DC}$이면 운용 상품 확인 및 전환 추진
여전히 원리금 보장형 상품으로 연 2% 내외에 머물러 있다면 위험자산 비중을 70%까지 확대해 S&P 500 ETF를 적립식으로 매수하는 것이 바람직하다. 여기에 경험이 쌓이면 나스닥 100 ETF와 같은 성장성이 더 높은 자산을 보완적으로 추가할 수 있다. 나머지 30%의 안전자산은 TDF ETF를 활용하되 퇴직 시점을 고려해서 상품을 선택한다.

[3단계] 연금저축 및 개인형퇴직연금$_{IRP}$ 가입 검토
퇴직연금을 운영하지 않는 사업장의 근로자, 퇴직연금이 없는 프리랜서나 자영업자, 확정급여형$_{DB}$ 가입자나 공무원연금·사학연

필요 자금과 투자 가능 기간에 따른 매년 적립 필요액 (수익률 8% 가정)

매년 적립액	10년(50대)	20년(40대)	30년(30대)
100만 원	1,449만 원 (45%)	4,576만 원 (129%)	1억 1,328만 원 (278%)
200만 원	2,897만 원	9,152만 원	2억 2,656만 원
600만 원	8,692만 원	2억 7,457만 원	6억 7,970만 원
1,000만 원	1억 4,486만 원	4억 5,762만 원	11억 3,283만 원

금 등 직역연금 가입자 중에서 은퇴 생활비가 부족하다고 생각되면 추가 계좌를 개설한다. 연금저축에 연간 600만 원(월 50만 원)을 우선 납입하고 필요하다면 개인형퇴직연금IRP을 통해 300만 원(월 25만 원)을 추가 납입한다. 이렇게 하면 세액공제를 통해 연간 최대 148만 원까지 절세가 가능하며 환급금을 다시 계좌에 재투자하면 절세마저 복리의 엔진으로 활용할 수 있다.

여기서 중요한 것은 '앞으로 얼마를 더 적립해야 필요한 은퇴 자금을 마련할 수 있는가.'이다. 표에 예시한 시뮬레이션은 연 8% 수익률을 가정했을 때 투자 기간과 납입 금액에 따라 자산이 얼마나 불어나는지를 보여준다. 예컨대 30대에 매년 200만 원씩 투자하면 30년 후 약 2억 3,000만 원을 만들 수 있다. 그러나 같은 목표를 40대에 달성하려면 기간이 20년으로 줄어들기 때문에 매년 600만 원, 즉 세 배 이상의 금액을 적립해야 한다.

따라서 확정급여형DB이나 공무원·사학연금과 같은 직역연금 가입자라도 부족한 생활비를 메우기 위해서는 지금 시점에서 얼마를 보완해야 하는지를 계산하고 가능한 한 빨리 연금저축이나 개인형퇴직연금IRP을 통해 장기 복리 적립을 시작해야 한다. 늦게 시작할수록 같은 목표를 달성하는 데 필요한 투자 금액은 기하급수적으로 커진다. 이 차이가 바로 복리의 힘이다.

[4단계] 여유자금은 개인종합자산관리계좌ISA로 주변 전략 실천
연금 계좌에서 핵심 자산을 운용한 뒤 여유자금은 개인종합자산관리계좌ISA를 활용해 주변 전략을 실행할 수 있다. 개인종합자산관리계좌ISA는 만기가 3~5년으로 비교적 짧고 세제 혜택이 있어 소규모 자금으로 기회 포착형 투자를 하기에 적합하다. 개별주식이나 섹터 ETF, 배당주, 국내 상장 해외 ETF 등을 담을 수 있으며 운용 규모는 핵심 자산의 30% 이내로 제한하는 것이 원칙이다. 예컨대 퇴직연금이나 연금저축에 연간 400만 원을 낸다면 개인종합자산관리계좌ISA에서는 100만 원 정도만 운용하는 식이다. 이렇게 하면 포트폴리오의 균형을 유지하면서도 개인종합자산관리계좌ISA의 세제 혜택과 실전 경험을 동시에 누릴 수 있다. 결국 이 모든 과정은 ETF와 연금 계좌를 중심으로 핵심 전략을 완성하고 개인종합자산관리계좌ISA와 같은 계좌를 통해 주변 전략을 보완하는 구조다. 중요한 것은 지금 시작하는 것이다. 시작이 빠를수록 필요한 적립금은 줄어들고 복리의 힘은 더 크게 작동한다.

그런데 주의할 게 있다. 이직이나 퇴직 시 반드시 퇴직IRP 계좌를 통한 투자를 지속해야 한다. 퇴직연금은 이직이나 퇴직 시점에서 어떻게 처리하느냐에 따라 미래 자산 규모가 크게 달라진다. 가

퇴직연금 관련 핵심-주변 전략

		퇴직연금 가입 여부에 따른 연금저축·IRP 가입 (핵심 전략)	
가입	DC	원리금 보장형인가	전환: 실적배당형
	DB	가입규모는 부족하지 않은가	추가가입(연금저축·IRP)
미가입		자영업자, 비정규직, 프리랜서, 직역연금, 미가입근로자	신규가입(연금저축·IRP)
퇴직자		퇴직IRP 필수, 여유자금	추가가입(연금저축·IRP)
		ISA를 통한 추가이익 추구 (주변 전략)	
누구나		투자자금의 30% 이내, 여유자금	개별주식·섹터 ETF

장 큰 실수는 퇴직금을 일시금으로 받거나 계좌를 해지하는 것이다. 그렇게 되면 지금까지 쌓아온 복리의 시계가 멈추고 자산 증식 효과는 물론 세제 혜택까지 모두 사라져 막대한 손실을 보게 된다. 반대로 퇴직금을 퇴직IRP 계좌로 승계하고 그 안에서 ETF 등 장기 자산으로 운용을 이어가면 복리 효과는 끊기지 않고 지속된다. 동시에 퇴직소득세를 10년 이상 분할 방식으로 나누어 내면서 세 부담도 크게 줄일 수 있다. 결국 퇴직IRP 계좌는 복리와 절세를 동시에 지켜주는 안전장치이자 노후 자산관리의 핵심 기반이다.

대학생이나 취업 전 단계에서는 어떻게 해야 할까? 개인종합자산관리계좌ISA와 연금저축계좌 중심의 실전 훈련이 필요하다. 대학생이나 취업 준비생 단계에서도 충분히 투자 훈련을 시작할 수 있다. 이 시기에는 소득이 높지 않더라도 핵심 – 주변 전략의 기본 원칙을 배우고 소액이라도 실전 경험을 쌓는 것이 중요하다. 예를 들어 전체 투자금의 70%는 S&P 500이나 나스닥 100 ETF와 같은 주가지수 ETF에 적립식으로 투자해 장기 복리의 기반을 마련한다. 나머지 30%는 개별주식에 투자해 기업 분석과 판단력을 훈련하는 방식이다. 이렇게 하면 원칙을 배우는 동시에 투자 감각도 키울 수 있다.

투자 계좌는 세제 혜택이 주어지는 개인종합자산관리계좌ISA나 연금저축계좌를 활용하는 것이 효과적이다. 개인종합자산관리계좌ISA는 만기가 3년으로 비교적 짧고 다양한 자산에 투자할 수 있어 소규모 자금으로 경험을 쌓기에 유리하다. 연금저축은 국내 상장 해외 ETF 투자 수익에 대한 과세를 이연할 수 있어 장기 투자에 적합하다. 반면 개인형퇴직연금IRP은 소득이 있어야 개설할 수 있고 운용 제약도 많아 대학생 단계에서는 적합하지 않다. 미국 개별주식 투자는 해외 주식 거래가 가능한 일반 증권 계좌에서 할 수 있다. 그러나 이 역시 주변 자산의 하나로 전체 자산의 30% 이내로 제한해서 관리하는 것이 바람직하다. 이 시기의 자산 배분 훈련과 실전 경험은 소득이 생긴 이후 자연스럽게 연금 계좌 투자로 이어질 수 있다. 결국 대학 시절의 작은 시도가 평생의 투자 습관과 자산 형성의 기초가 되는 것이다.

참고로 커피 한 잔의 힘을 알아야 한다. 작은 소비가 만든 큰 차이를 인식하자는 것이다. 매일 마시는 5,000원의 커피 한 잔은 대수롭지 않아 보이지만 장기적으로는 큰 차이를 만든다. 하루 한 잔을 절약하면 한 달에 약 15만 원이고 1년이면 약 200만 원의 여유자금이 생긴다. 이 돈을 단순히 소비로 흘려보내지 않고 연평균

8% 수익률을 기대할 수 있는 S&P 500 ETF에 투자한다면 이야기는 달라진다. 30년 동안 꾸준히 투자하면 단순 합계로는 6,000만 원이지만 복리 효과가 작동하면 2억 원이 넘는 자산으로 불어난다.

작은 절약이 큰 차이를 만드는 이유는 시간과 복리의 결합이 만드는 초가속 효과 때문이다. 결국 '작은 절약 + 꾸준한 투자 + 시간'이 합쳐질 때 오늘의 커피 한 잔 값은 30년 뒤 노후 생활을 지탱해 주는 든든한 자산이 될 수 있다.

 **투자 인사이트**

퇴직연금과 ETF가 만날 때 시작되는 진짜 복리

- 퇴직연금은 장기 복리 효과로 미래 자산을 형성하는 핵심 전략의 중심 도구이며 퇴직연금과 ETF가 결합할 때 핵심 전략이 완성된다.

- 직장인의 자산 형성
  퇴직연금만으로도 충분하다. 그런데 문제는 수익률이다. 수익률의 차이는 수억 원의 자산 격차를 만든다.
  * 미국 근로자: 미국 주식시장 투자를 통한 높은 수익률의 장기 복리 효과로 노후 재정적 안정 수혜

- 퇴직연금의 중도 해지는 치명적 실수다. 중도 해지나 일시금 수령은 복리의 시계를 멈추게 한다.

- 연금 계좌는 세금까지 일하게 만드는 복리 구조다.
  - 퇴직연금을 보완하는 수단으로 연금저축과 개인형퇴직연금IRP 계좌 활용
  - 연금저축과 개인형퇴직연금IRP 계좌는 환급금 재투자로 절세와 복리 효과 동시 가능

- 퇴직연금과 연금 계좌에 담을 최적 상품: S&P 500 ETF

S&P 500 ETF는 복리의 엔진 역할을 하는 가장 강력한 자산이며 단순하고 수익률과 안정성이 검증된 유일한 자산

- ETF는 '무엇에' 투자할지, 연금 계좌는 '어디서' 투자할지를 안내한다. 둘이 만나야 자산 형성을 위한 핵심 전략의 중심 원리인 진짜 복리가 작동한다.

3
개별주식 투자는 주변 전략의 실전 훈련장이다

　ETF로도 충분히 안정적인 수익을 낼 수 있는데 굳이 개별주식을 다루는 이유는 무엇일까? 그것은 개별주식 투자가 단순한 수익 추구의 수단이 아니라 투자자로서의 사고력과 절제력을 키우는 '실전 훈련장'이기 때문이다.
　ETF 투자가 시장 전체를 사는 전략이라면 개별주식 투자는 기업 하나를 깊이 이해하고 판단해야 하는 고도의 집중 훈련이다. 이 과정에서 투자자는 재무제표와 사업모델을 읽는 법, 산업의 구조를 파악하는 능력, 시장 심리를 분석하는 감각을 기르게 된다. 동시에 손익의 변동을 직접 경험하면서 감정을 통제하고 탐욕과 두려움을 절제하는 내적 근육을 단련한다. 이런 실전 경험은 단순한 지식이 아니라 투자자로서의 태도와 철학을 형성한다. 결국 개별주식 투자는 돈을 벌기 위한 투기가 아니라 장기적으로 시장을 이길 수 있는 '투자 근육'을 키우는 자기 훈련의 과정이다.

개별주식 투자를 통한 절제와 성찰로 투자의 근육을 키운다

"ETF로 분산투자를 하면 되지 굳이 개별주식에 투자할 필요가 있을까요?"

지극히 합리적인 질문이다. 실제로 많은 투자 전문가가 초보자에게는 주가지수 ETF를 권장한다. 나도 이 책에서 핵심 전략으로 ETF 투자를 장기적으로 실천할 것을 거듭 강조해 왔다. 그럼에도 굳이 개별주식 이야기를 꺼내는 이유는 무엇일까? 그것은 개별주식 투자가 단순히 수익을 추구하기 위한 수단이 아니라 투자자로서 성장하기 위한 실전 훈련의 장이기 때문이다.

주변 전략의 본질은 '훈련과 성찰'의 공간을 확보하는 것이다. 주변 전략은 전체 투자 자산의 일부, 즉 감당할 수 있는 범위인 30% 내에서 수행되는 정신적 훈련과 투자 전략에 대한 학습의 장이다. 이 영역에서는 단기 성과보다 장기적 투자자로서의 역량을 키우는 것이 핵심이다. 우리는 개별주식 투자를 경험하면서 경제 시스템을 이해하고 기업의 사업 모델, 재무구조, 그리고 산업의 흐름을 분석하게 된다. 동시에 감정을 절제하는 훈련을 하며 나만의 투자 원칙을 점검하고 세워갈 수 있다. 이것은 단기 수익을 추구하는 게임이 아니다. 미래의 성공을 위한 기반을 다지는 과정이며 자신의 투자 성향을 파악하고 실수를 통해 배우는 성장의 시간이다.

개별주식 투자는 사실 가장 어려운 영역이다. 그러나 가장 필요한 훈련이다. 나는 1989년 애널리스트로 금융시장에 첫발을 디딘 후 런던에서 유럽 주식 펀드매니저로 활동했다. 이후 국내에서 주식운용팀장과 자산 운용 최고투자책임자 CIO로서 국내외 자산을 총괄해서 운용한 경험이 있다. 그럼에도 "가장 어려운 투자가 무엇인가?"라고 묻는다면 주저 없이 "개별주식 투자"라고 답할 것이다. 개별주식 투자는 단순한 지식과 분석력을 넘어서 절제와 겸손이 체화되어야만 가능한 고난도의 영역이다. 반복적인 실전 훈련 없이는 성과를 기대하기 어렵다.

오늘날 한국에는 1,400만 명이 넘는 주식 투자자가 있다. 코로나 팬데믹 이후 '동학개미운동'을 계기로 전업투자자가 늘었고 미국 주식 열풍도 확산되었다. 그러나 현실은 냉혹하다. 대다수 개인투자자는 장기적으로 시장 평균에도 못 미치는 성과를 내고 있으며 상당수는 손실을 본다. 미국 시장 역시 크게 다르지 않다. 시장의 연평균 수익률은 8~10%에 달하지만 개인투자자의 평균수익률은 1~3%에 불과하다는 연구 결과가 있다. 심지어 전문 투자자도 예외가 아니다. 뱅가드 창립자 존 보글 John Bogle에 따르면 10년 이상 시장을 꾸준히 이기는 펀드매니저는 10%도 되지 않는다.

그렇지만 사람들은 여전히 개별주식을 포기하지 못한다. 이는 높은 변동성이 주는 착시 효과, 탐욕, 조급함, 포모 FOMO 같은 인간 본능, 그리고 이를 끊임없이 자극하는 금융 콘텐츠 때문일 것이다. 매일 2,600여 종목 중 일부는 상한가를 기록하고 유튜브와 SNS는 테마주와 단기 수익 기회를 과장하여 부각한다. 그러나 그 이면에는 본전 심리에 집착한 매매, 무리한 물타기와 손절 실패, 빚투가 되풀이되는 실패의 공식이 숨어 있다.

결국 개별주식 투자는 투자자의 시야를 넓히고 사고를 깊게 만들며 감정을 통제하는 훈련장으로서 가치 있는 과정이다. 이러한 투자는 자산 전체가 아닌 감당 가능한 규모에서 수행하는 주변 전략의 영역에 해당한다. 핵심 전략이 '자산을 안정적으로 불리는 기반'이라면 주변 전략은 '투자자로서의 내면을 성장시키는 실전 훈련의 장'이다.

젊은 세대가 전업투자를 꿈꾸며 본업을 포기하는 것은 분명 위험하다. 그러나 제한된 규모의 개별주식 투자는 자신의 투자 성향을 파악하고 경제, 기업, 자본시장에 대한 감각을 키우는 성장의 기회가 될 수 있다. "시장이 30% 하락해도 꿀잠 잘 수 있는 정도의 규모로 투자하라."라는 게 내가 권장하는 현실적이고 지속가능한 주변 전략의 접근법이다.

개별주식 투자 프로세스에는 크게 세 가지 전략적 접근법이 널리 활용된다. 첫째는 거시환경과 산업의 흐름을 읽고 혜택을 보는 종목을 추적하는 톱다운 방식과 모멘텀 전략이다. 둘째는 기업의 내재가치를 분석하고 장기 보유를 지향하는 바텀업 방식과 가치투자 전략이다. 셋째는 시장 심리를 거슬러 기회를 찾거나 추세를 활용하는 역발상과 추세 추종 전략이다.

주변 전략의 목적은 실전 훈련을 통해 자신만의 투자 프로세스를 정립하는 데 있다. 개별주식 투자에서 성공하기 위해 가장 중요한 것은 자신의 성향과 능력에 맞는 전략을 선택하고 그 전략을 반복적인 실천과 성찰을 통해 나만의 투자 프로세스와 원칙으로 발전시키는 일이다.

좋은 투자는 좋은 종목보다 좋은 아이디어에서 나온다

개별주식 투자의 첫걸음은 '무엇을 살 것인가?'가 아니라 '왜 이 기업에 주목하게 되었는가?'라는 질문에서 출발해야 한다. 투자자는 좋은 종목을 고르기 전에 좋은 아이디어를 포착할 수 있는 눈과 태도가 먼저 필요하다.

투자 아이디어는 멀리 있지 않다. 그 출발점은 언제나 우리가 살아가는 일상과 일터 속에 있다. 사람들이 몰리는 매장, 친구들이 매일 사용하는 앱, 부모님이 새로 드시기 시작한 건강기능식품, 줄 서서 사 먹는 간식 하나 등, 이 모든 것이 변화의 조짐을 담은 투자 신호가 될 수 있다. 같은 현상을 보더라도 어떤 이는 소비자로 스쳐 지나가지만 다른 어떤 이는 투자자로 그 속에서 기업과 산업의 미래를 본다. 특히 자신의 직장과 산업 현장에서 얻은 경험과 생활 속 관찰은 전문가보다 더 빠르게 현장감 있는 아이디어로 발전할 수 있다. 훌륭한 투자자는 특별한 정보를 가진 사람이 아니다. 세상을 다르게 보는 사람이다.

하지만 단순한 관심이 실제 투자로 이어지려면 '질문하는 힘'이 필요하다. "이 변화나 상품이 기업의 실적에 어떤 영향을 줄 수 있을까?" "경쟁 상황은 어떤가? 다른 회사가 쉽게 따라 할 수 있는 것은 아닌가?" 등의 질문을 던질 수 있어야 한다. 이처럼 연속된 질문을 던져야 단순한 '관심'이 투자 가치가 있는 분석 아이디어로 발전한다. 인기와 트렌드만으로는 주가가 오르지 않는다. 주가는 실적, 현금 흐름, 그리고 경쟁 우위를 확보할 수 있어야만 반응한다. 좋은 투자 아이디어는 정보가 많은 사람보다 더 나은 질문을 던지는 사람에게서 시작된다.

투자 아이디어는 종종 일상의 소비 변화 속에서 출발한다. 가령 예전에는 화장품을 사려면 백화점이나 아모레퍼시픽과 같은 전문 브랜드 매장을 찾는 경우가 많았다. 그러나 어느 순간부터 사람들은 대형 브랜드 매장이 아니라 올리브영 매장으로 몰리기 시작했다. 젊은 세대와 외국인 관광객들이 매장을 가득 메우고 다양한 중저가 브랜드 제품을 직접 비교하며 선택하는 모습은 소비 패턴이 달라지고 있다는 신호였다.

투자자의 시각에서 중요한 것은 그 변화를 남들보다 먼저 읽어내는 것이다. "사람들이 어디에서 어떤 브랜드를 왜 선택할까? 어느 기업이 수혜를 볼까?"라는 질문을 계속 던지다 보면 시야가 자연스럽게 수많은 중저가 브랜드를 뒷받침하는 제조자개발생산ODM 기업으로 확장된다. 밸류체인을 따라가면 코스맥스 같은 기업이 변화의 이면에서 생산을 담당하고 있음을 알 수 있다. 이처럼 소비자의 발걸음과 선택을 주목하고 밸류체인을 추적하는 과정이 단순한 관심을 남들보다 한발 앞선 투자 아이디어로 전환한다.

숲을 보고 흐름을 타는 '톱다운+모멘텀' 전략이 일반적이다

한국 투자자의 일반적인 투자방식은 '톱다운 + 모멘텀'이다. 한국의 개인투자자들은 개별주식 투자에서 '톱다운 방식'과 '모멘텀 전략'을 사용한다. 전체 시장의 방향성과 거시환경을 먼저 살핀 뒤 그 흐름 속에서 강한 섹터와 종목을 추적해 빠르게 수익을 내는 방식이다.

한국은 수출 중심의 경제 구조와 경기 민감 업종이 많은 시장이기 때문에 글로벌 경기, 금리, 환율, 지정학적 이슈와 같은 매크로 변수가 주가에 미치는 영향이 크다. 이러한 배경 속에서 톱다운 방식은 자연스럽게 모멘텀 전략과 결합되어 한국 시장에서 개인투자자의 주된 실전 투자 방식으로 자리 잡았다.

톱다운 방식은 글로벌 경제와 정책 그리고 산업의 큰 흐름을 먼저 분석한 뒤에 그 변화가 어떤 산업과 기업에 영향을 줄지를 판단하여 종목을 선별하는 전략이다. 다시 말해 '숲을 먼저 보고 나무를 고르는' 접근법이다.

톱다운 전략에서 고려해야 할 요인은 다양하다. 경기, 금리, 환율 같은 경제 지표와 정부 정책, 무역 갈등, 지정학적 리스크, 인공지능과 전기차 같은 기술 혁신, 세대별 소비 트렌드, 탄소중립과 에너지 전환 같은 기후 환경 요인, 고령화와 저출산 등 인구 구조 변화까지 모두 시장에 영향을 미친다. 다만 이 변수들 가운데 기후나 인구 구조 변화는 너무 장기적이어서 당장 주가에는 반영되지 않을 수 있다. 피셔 인베스트먼트 회장 켄 피셔Ken Fisher는 "주가는 대개 3년 이

내의 변화를 반영한다."라고 말했다. 이렇듯 투자자는 지나치게 먼 미래보다 향후 3년 안에 실제 변화를 일으킬 요인에 집중해야 한다.

최근 몇 년간은 특히 기술 혁신과 지정학적 리스크가 시장의 흐름 자체를 바꾸는 핵심 변수로 떠올랐다. 인공지능AI의 확산은 산업의 생산성 구조를 재편하고 있으며 미-중 갈등과 공급망 불안은 특정 산업과 국가의 경쟁 구도를 근본적으로 흔들고 있다. 톱다운 전략의 목적은 바로 이러한 거시적 변화를 포착하고 그 파급 효과 속에서 유망한 산업과 기업을 선별하는 데 있다.

이처럼 투자자가 주식에 투자할 때는 다양한 변수를 고려해야 한다. 이 변수들을 하나하나 실전에 어떻게 적용할지 살펴보자. 첫째, 기술이다. 기술 변화는 주식시장의 판을 바꾸는 가장 강력한 요인이다. 인공지능AI은 제조업, 금융, 헬스케어, 교육 등 거의 모든 산업의 생산성 구조를 재편하고 있다. 그러나 기술은 직관적으로 이해하기 어렵고 실적보다 내러티브가 과도하게 주가에 반영되는 경우가 많다. 결국 어떤 기업이 실제 수익을 낼 수 있을지를 가려내는 통찰력이 필요하다. 불확실하다면 개별종목보다 섹터 ETF를 활용하는 것이 더 현명하다.

둘째, 정치다. 현재 정치 변수의 핵심은 미국과 중국 간 패권 경쟁이다. 미국은 기술, 무역, 안보 전 영역에서 중국 견제를 강화하고 있다. 이러한 갈등은 장기간 지속될 구조적 충돌이다. 한편 제조업 경쟁력이 강한 한국은 미국의 중국 견제로 오히려 새로운 기회를 맞이할 수 있다. 또한 미국 정책의 본질에는 달러 패권 유지가 있다. 미국의 재정적자 확대와 국채 발행 증가는 글로벌 금융시장의 불안 요인이 되고 있다. 여기에 더해 달러 기반 스테이블코인의 급속한 확산, 암호화폐 시장의 발달, 중국과 러시아 등 비서방권 국가들의 탈달러화 움직임도 기존 국제 금융 질서를 흔드는 새로운 변수로 부상하고 있다.

셋째, 환경이다. 환경 이슈는 정책 변화에 민감하다. 환경과 관련한 변수는 전기차, 태양광, 탄소중립 같은 정책 테마와 직접적으로 연결된다. 정권 교체나 국제적 합의 변화에 따라 산업의 수혜 범위와 지속 가능성이 크게 달라질 수 있다. 정책 흐름을 주기적으로 점검해야 한다.

넷째, 인구 구조다. 이 변수는 확실하지만 이미 반영된 것이다. 인구 구조는 가장 예측할 수 있는 변수다. 그러나 너무 확실한 정보는 이미 주가에 반영된 경우가 많다. 저출생과 고령화는 모두가 아는 사실이기 때문에 관련 정책이나 뉴스가 나와도 테마주만 잠깐 반응하고 끝나는 경우가 흔하다.

다섯째, 사회문화 트렌드다. 사회문화 트렌드는 소비재 섹터의 중요한 투자 신호가 된다. K-팝과 K-드라마에서 시작된 'K-컬처'는 글로벌 소비시장에서 영향력을 빠르게 확대하고 있다. 그러나 개별 기업의 경쟁력은 제각각이다. 트렌드 기반 투자를 고려할 때는 상품의 경쟁력, 브랜드의 지속 가능성, 글로벌 확장성을 함께 점검해야 한다.

경제 지표를 활용한 투자도 중요하다. 경제 지표는 톱다운 투자 전략에서 가장 중요한 요소다. 특히 경기 관련 지표와 금리는 직접적인 영향을 미치는 핵심 변수다. 한국처럼 수출 비중이 높고 경기 민감형 기업이 많은 시장에서는 경기 선행지표의 해석이 곧 투자 기회로 이어지는 경우가 많다. 대표적으로 경제협력개발기구OECD 경기선행지수와 미국 제조업 구매관리자지수PMI는 한국 수출 제조업 주가의 흐름을 미리 보여주는 신호로 자주 활용된다.

또 하나 주목해야 할 지표는 월별 수출 실적이다. 한국은 매월 1일 전월 수출 데이터를 발표한다. 이는 전 세계에서 가장 신속하게 글로벌 경기 흐름을 보여주는 선행지표로 평가받는다. 예컨대 의료기기나 화장품 기업처럼 수출 의존도가 높은 중견기업 주식은 이 지표 발표 직후 주가가 민감하게 움직이는 경우가 발생한다. 글로벌 투자자들 역시 한국의 수출 데이터를 참고해 한국 시장뿐 아니라 글로벌 투자 전략을 조정한다고 알려져 있다.

그런데 톱다운 방식은 유용하지만 완벽하지 않다. 가장 큰 한계는 예측의 불확실성이다. 경제학자가 주식시장에서 높은 수익을 내기 어려운 이유는 거시환경의 변화를 정확히 예측하는 것이 거의 불가능하기 때문이다. 피터 린치가 "매크로 분석은 시간 낭비"라고 말한 것도 같은 맥락이다.

따라서 중요한 것은 예측의 정밀함이 아니라 대응력이다. 경기, 금리, 정책이 예상과 다르게 전개되더라도 그 변화가 내 포트폴리오에 어떤 영향을 미칠지를 빠르게 판단하고 이에 맞춰 조정할 수 있는 시스템과 기준이 필요하다. 예측은 언제든 실패할 수 있다.

그러나 대응은 훈련을 통해 향상될 수 있다. 결국 톱다운 전략의 핵심은 미래를 정확히 맞히는 능력이 아니라 변화에 기민하게 대응하는 투자자의 태도에 있다.

모멘텀 전략은 시장의 상승 흐름에 올라타는 방식이다. 특히 거시환경의 방향성이 뚜렷하고 주도 섹터가 명확할 때 상승 추세에 있는 종목을 매수해서 단기 수익을 추구하는 전략이다. 일반적으로 톱다운 분석과 결합하여 유망한 산업을 먼저 고르고 그 안에서 실제로 강한 움직임을 보이는 종목을 선별한다.

이러한 모멘텀 전략은 크게 세 가지 유형으로 구분해 볼 수 있다. 첫째는 테마주 투자다. 시장에서 주목받는 이슈에 편승하는 전략이다. 그러나 대부분의 테마주는 실적보다 '스토리'에 의존하는 경우가 많아 급락할 위험이 크다. 따라서 테마주 투자에서는 매도 시점을 사전에 명확히 설정하는 것이 무엇보다 중요하다.

둘째는 구조적 성장주 투자다. 기술혁신, 산업 구조 변화, 소비 패턴 전환 등 장기 성장 요인을 보유한 기업을 선제적으로 발굴하는 전략이다. 이들 기업은 산업 재편을 이끌 잠재력이 있으며 일시적 조정 이후에도 우상향 흐름을 유지할 가능성이 크다.

셋째는 시장 주도주 중심의 투자 전략이다. 특정 시기에 주가 상승을 주도하며 시장 전체를 이끄는 섹터의 대표 종목에 집중하는 전략이다. 시장 주도주는 기관과 외국인 자금이 먼저 움직임을 주도하고 이후 개인투자자 자금이 유입되며 장기간 상승하는 경향이 있다. 그러나 한국증시에서는 주도주가 급등 후 장기간 하락하는 사례가 자주 발생하기 때문에 너무 늦게 매수하거나 지나친 낙관으로 매도 타이밍을 놓치면 큰 손실을 볼 수 있다. 예를 들어 지난 2003년에서 2007년 사이의 조선주, 2015년 화장품주, 2023년 이차전지주 등이 대표적이다.

모멘텀 전략은 수익 기회가 크고 빠른 대신 그에 상응하는 위험도 크다. 따라서 매수보다 더 중요한 것은 명확한 매도 기준과 감정 통제다. 한국 개인투자자의 대표적인 실패 원인 역시 상승 종목에 뒤늦게 편승했다가 매도 시점을 놓치는 데 있다. 모멘텀 투자는 '매도 전략'이 성패를 좌우한다.

모멘텀 투자자는 대체로 기술적 분석을 활용한다. 기술적 분석은 과거의 주가와 거래량 흐름을 통해서 매수와 매도 시점을 판단하는 데 도움을 준다. 대표적인 도구로는 이동평균선이 있다. 단기, 중기, 장기 추세를 한눈에 보여주며 골든크로스나 데드크로스와 같은 신호는 추세 전환의 기준점이 된다. 거래량 분석은 가격 움직임의 신뢰도를 판단하는 데 유용하다. 거래량이 동반된 상승은 모멘텀이 강하다는 신호로 해석된다. 또 상대강도지수$_{\text{RSI, Relative Strength Index}}$나 이격도와 같은 보조 지표는 주가가 과열되었는지 혹은 과매도 구간에 들어섰는지를 알려준다. 마지막으로 패턴 분석은 돌파, 눌림목, 이중바닥, 깃발형 등 반복적으로 나타나는 주가 움직임을 관찰하는 방식이다.

기술적 분석은 분명 투자 판단에 도움을 준다. 그러나 어디까지나 보조 도구에 불과하다. 투자에서 가장 중요한 기준은 언제나 기업의 펀더멘털과 산업의 흐름이다. 기술적 분석은 시장의 수급과 분위기를 해석하는 참고 자료일 뿐이다. 결코 미래를 예측하는 결정적 수단은 아니라는 점을 명확히 인식해야 한다.

모멘텀 전략이 유효하려면 몇 가지 조건이 있다. 모멘텀 전략은 단기적인 성과를 기대할 수 있는 강력한 방법이다. 하지만 시장의 흐름과 투자자의 심리에 크게 영향을 받기 때문에 섬세한 접근이 필요하다. 성공적으로 실행되려면 몇 가지 조건이 뒷받침되어야 한다. 무엇보다 중요한 것은 시장의 흐름을 읽는 통찰력이다. 단순히 뉴스나 주가의 움직임만 좇을 것이 아니라 거래량 변화, 외국인과 기관의 수급, 정책 이슈, 업종 간 자금 이동 등 여러 신호를 종합적으로 해석해야 한다. 숫자 이면에 숨어 있는 시장의 심리를 읽어낼 수 있어야 한다는 뜻이다.

또 하나는 명확한 매도 기준과 손절매 원칙의 준수다. 모멘텀 전략은 속도가 빠르기 때문에 매수보다 매도 타이밍이 훨씬 중요하다. 따라서 목표 수익률과 손절 기준을 사전에 설정하고 감정에 흔들리지 않고 이를 지켜내는 태도가 필요하다. 마지막으로 심리적 절제력이 요구된다. 급등하는 종목에 투자하면 불안과 흥분이 교차하게 마련이다. 이때 과욕을 경계하고 냉정을 유지하는 힘이야말로 모멘텀 전략의 성패를 가르는 열쇠다.

결국 모멘텀 전략은 단기 수익 기회를 제공하지만 언제든 시장이 예상과 다르게 전개될 수 있음을 염두에 두어야 한다. 손절매 원칙만 철저히 지켜도 원금을 잃지 않는 투자가 가능하다. 개인투자자가 모멘텀 전략을 활용하려면 손절매 원칙을 반드시 체득해야 한다.

[예시] 실전 톱다운 투자 프로세스

자산운용업계에서 널리 활용되고 나 역시 경험을 통해 실효성을 확인한 톱다운 방식을 소개하고자 한다. 개인투자자가 활용하기 쉽도록 조정한 개별주식 투자 프로세스는 4단계로 요약된다.

1단계는 거시 환경의 변화를 감지한다. 지정학적 사건, 정책 변화, 경기 사이클, 금리 동향 등은 산업과 기업에 직접적인 영향을 미친다. 예컨대 2024년 이후 조선, 방산, 원전주의 급등은 지정학과 정책 변수의 결합에서 비롯된 흐름이었다.

2단계는 이러한 매크로 변화와 맞닿아 있는 투자 종목을 선정한다. 유망한 산업 안에서 기업을 고를 때는 사업 모델, 경쟁력, 경영진의 역량, 주주 환원 정책 같은 질적 요소를 검토한다. 이어서 재무제표를 토대로 정량적 분석, 즉 주가수익비율$_{PER}$, 영업이익률, 이익성장률 등을 통해 가치평가를 한다. 그리고 마지막으로 주가의 위치와 시장의 관심도를 확인하기 위해 기술적 지표를 점검한다.

3단계는 이렇게 선별한 종목으로 포트폴리오를 구축한다. 시장 주도주 중심으로 주제별로 1~2개씩 분산해 담는다. 전체 보유 종목은 관리 가능한 범위인 약 10개 내외로 유지하는 것이 바람직하다.

4단계는 사후 관리다. 주가 흐름, 분기 실적, 업황 변화, 경제·금융 뉴스를 꾸준히 점검하며 필요할 경우 포트폴리오를 조정한다.

매도는 목표가격 도달, 투자 아이디어 변경, 실수 인정 등 분명한 기준에 따라 실행한다. 특히 -10%, -20% 등 손절매 원칙을 지키고 손실 회피를 위한 무리한 물타기는 반드시 피한다. 새로운 유망 종목이 발굴되면 과감히 교체하는 결단도 필요하다.

숫자보다 본질이고 가격보다 가치의 바텀업 투자다

바텀업 방식은 개별 기업의 '가치'에 집중하는 투자 전략이다. 거시 경제나 산업 흐름은 참고 요소일 뿐이다. 핵심은 기업이 창출하는 수익과 자산가치가 주가에 제대로 반영됐는지를 판단하는 데 있다. 주가의 단기 흐름보다 기업의 내재가치에 집중하며 투자의 출발점을 '시장'이 아닌 '기업'에 두는 것이 바텀업 전략의 본질이다.

이 접근법의 핵심은 기업의 본질을 이해하는 것이다. 장기적으로 지속가능한 이익 창출 능력을 중심에 두고 이익 구조와 자본 효율성, 재무 건전성, 경영진의 철학 등을 종합적으로 평가해 저평가된 기업을 찾아낸다. 그리고 인내심을 가지고 기다리는 것이 전략의 기본이다.

그렇다면 가치 지표를 해석하는 안목은 어떻게 기를 수 있을까? 가치투자의 출발점은 가치 지표를 올바르게 해석하는 안목이다. 주가수익비율$_{PER}$, 주가순자산비율$_{PBR}$, 자기자본이익률$_{ROE}$ 같은 지표는 기업을 평가하는 기본 도구지만 단순한 숫자만으로 결론을 내려서는 안 된다.

주가수익비율$_{PER}$이 낮다고 반드시 저평가된 것은 아니다. 산업이 구조적 침체에 빠졌거나 이익이 감소하는 중일 수 있기 때문이다. 반대로 주가수익비율PER이 높더라도 지속가능한 이익 성장성과 강력한 경쟁력을 갖춘 기업이라면 매력적일 수 있다. 자기자본이익률ROE은 자본 효율성을 보여준다. 장기간 높은 자기자본이익률ROE을 유지하는 기업은 수익 구조가 견고하고 자본 배분이 효율적이다. 워런 버핏은 이런 기업을 "복리로 성장하는 기업"이라 부르며 장기 투자에 적합하다고 평가했다.

가치 지표는 출발점일 뿐이다. 숫자 뒤에 숨겨진 기업의 질質과 미래를 읽어내는 안목이 중요하다. 이러한 안목을 기르는 데 참고할 만한 접근법이 있다. 가치투자의 대표적인 접근법은 벤저민 그레이엄과 워런 버핏으로 대변된다. 먼저 가치투자의 창시자 벤저민 그레이엄은 기업의 재무제표를 바탕으로 하는 정량적 분석 방법을 정립했다. 그는 투자를 "철저한 분석을 바탕으로 원금을 지키며 만족할 만한 수익을 추구하는 활동"으로 정의하고 '안전마진' 확보를 가장 중요한 원칙으로 삼았다.

그의 전략은 저평가된 종목을 찾는 정량적 분석과 시장의 과열과 공포에 흔들리지 않는 심리적 절제 두 가지로 요약된다. 그레이엄은 시장을 감정 기복이 심한 인물 '미스터 마켓Mr. Market'에 비유하며 투자자는 시장의 기분에 휘둘리지 말아야 한다고 강조했다. 그러나 오늘날처럼 정보가 실시간 반영되는 비교적 효율적 시장에서는 재무제표 중심의 정량적 분석만으로는 기업가치를 판단하기에 한계가 있다. 따라서 정량적 지표는 출발점일 뿐이며 반드시 질적 분석과 결합해야 한다.

워런 버핏의 가치투자는 질적 분석으로 확장된 것이다. 가치투자의 상징으로서 전 세계 투자자에게 깊은 영향을 준 워런 버핏은 그레이엄의 제자였지만 나중에는 사업과 인생의 평생 파트너가 된 찰리 멍거Charlie Munger의 영향을 받아 투자 철학을 질적 요소 중심으로 확장했다. 멍거는 "싼 주식보다 좋은 회사를 적정한 가격에 사는 것이 낫다."라고 조언했다. 워런 버핏은 브랜드 가치, 경제적 해자, 기업 문화 등 계량 지표 너머의 질적 요소를 중시하기 시작했다. 그는 주식 투자를 '사업을 매수하는 것'으로 정의하며 경영진의 정직과 역량, 사업의 이해 가능성 등을 중요한 평가 기준으로 삼았다. '10년 이상 보유할 수 없는 기업은 사지 않는다.'라는 원칙은 그의 투자 철학을 바로 보여준다.

가치투자의 강점은 시장의 소음에 흔들리지 않고 기업의 본질에 집중할 수 있다는 점이다. 전체 시장이 과열되거나 급락할 때도 내재가치에 대한 신념이 있다면 흔들리지 않고 대응할 수 있다. 그러나 가치투자에도 분명한 현실적 제약이 존재한다. 무엇보다 정보의 비대칭성이다. 개인투자자는 기업 내부 정보에 접근하기 어렵고 회계나 지배구조의 문제를 간파하기도 쉽지 않다. 단순한 숫자만으로 기업을 이해하는 데는 한계가 있다. 둘째는 가치 실현의 지연이다. 아무리 훌륭한 기업이라도 시장이 그 가치를 인정하기까지는 시간이 걸릴 수 있다. 실적이 개선되고 있음에도 주가가 장기간 오르지 않는 경우가 대표적이다. 이럴 때 투자자는 '주가'보다

'기업'에 집중할 수 있는 철학과 인내심을 가져야 한다. 기다릴 수 있는 힘, 그것이 가치투자의 가장 큰 자산이다.

이러한 가치투자가 한국 시장에서는 어떨까? 한국 시장은 일반적인 가치투자의 한계 외에도 낮은 배당 성향, 불투명한 지배구조, 미흡한 주주 환원 정책 등 구조적인 제약이 많다. 이러한 환경에서는 주가수익비율PER이나 주가순자산비율PBR이 낮은 기업이라도 오랜 기간 저평가된 상태로 머무는, 이른바 '가치의 함정value trap'에 빠질 가능성이 크다. 따라서 단순히 숫자 지표만 보고 투자 결정을 내려서는 안 된다. 기업이 변화할 수 있는 역량, 주주 중심 경영 철학, 그리고 이를 실천할 수 있는 경영진의 의지까지 함께 검토해야 한다. 재무적 지표뿐만 아니라 지배구조, 배당 정책, 자사주 매입·소각, 오너 리스크 등 비재무적 요소를 종합적으로 고려하는 시각이 필요하다. 결국 중요한 것은 단순한 '저평가' 여부가 아니라 기업이 주주가치를 높이려는 의지와 변화 가능성을 갖추고 있는가 하는 점이다.

미국에서 성공한 가치투자 이론이라 해도 한국 시장에 그대로 적용할 수는 없다. 우리 시장의 구조와 현실에 맞게 해석하고 조정하는 태도, 그것이 진정한 가치투자자의 자세다. 한국형 가치투자는 미국과 다르다. 한국 증시에서 바텀업 방식의 가치투자는 주로 사모펀드나 행동주의 성향을 지닌 자산운용사를 중심으로 전개되고 있다. 대표적인 사례가 VIP자산운용과 얼라인파트너스자산운용이다. VIP자산운용은 전통적인 가치투자 철학을 한국 시장의 현실에 맞게 재해석하며 운용하는 대표적인 가치투자 기관이다. 반면 얼라인파트너스자산운용은 행동주의 펀드로서 JB금융지주 등 금융주에 투자해 적극적인 주주 환원 정책을 끌어냈다. 최근에는 금융주를 넘어 다양한 섹터로 투자 영역을 넓히고 있다. 이러한 사례는 바텀업 방식의 핵심이 단순한 수치 비교가 아니라 기업의 질적 요소를 깊이 분석하고 변화의 촉매를 미리 포착하는 능력에 있다는 사실을 보여준다.

그러나 개인투자자가 저평가된 가치주를 바텀업 방식으로 직접 발굴하기란 쉽지 않다. 주가수익비율PER이나 주가순자산비율PBR이 낮다는 이유만으로 매수하면 촉매가 없는 상태의 저평가 종목, 즉 가치의 함정에 장기간 묶일 위험이 있다. 따라서 개인투자자라면 직접 발굴보다는 검증된 운용역이 운영하는 가치주 펀드나 ETF를 활용하는 것이 더 효율적일 수 있다.

전략은 추세 추종으로 하되 사고방식은 역발상하라

개별주식 투자에서 전략 선택은 곧 투자자의 성향과 사고방식을 드러내는 일이다. 특히 '시장의 흐름을 따를 것인가, 대중과 반대로 갈 것인가?'라는 질문은 모든 투자자에게 피할 수 없는 고민이다.

대표적인 두 가지 실전 전략이 역발상 전략contrarian investing과 추세 추종 전략trend following이다. 두 전략은 겉으로는 정반대의 방향을 지향하는 듯 보이지만 서로를 대체하기보다는 시장 환경에 따라 보완적으로 작동할 수 있다. 무엇보다 중요한 것은 투자자가 자신의 성향과 심리적 성숙도에 맞는 방식을 택하는 것이다.

모두가 외면할 때 기회를 보는 게 역발상 전략이다. 역발상 전략은 군중과 반대 방향에 서는 투자 방식이다. 시장이 지나치게 낙관적일 때는 경계하고 지나치게 비관적일 때는 기회를 포착한다. 전제는 단순하다. "시장이 언제나 옳은 것은 아니다."라는 것이다. 과도한 감정이 만들어낸 왜곡은 결국 시간이 지나면 본래의 가치로 되돌아온다는 믿음이다. 따라서 역발상 투자자는 주가가 급락했거나 시장에서 외면받는 기업 또는 산업 재편이나 구조조정 중인 기업에서 기회를 찾는다. 전염병, 금융위기, 전쟁, 규제와 같은 외부 충격이 시장 전체를 뒤흔들 때 펀더멘털이 견고한 기업을 선제적으로 매수하는 것이 핵심이다. 그러나 이 전략은 말처럼 쉽지 않다. 공포가 지배하는 순간에 매수해야 하므로 인간의 본성에 반한다. 철저한 분석과 확신 그리고 심리적 인내력이 요구되는 고난도 전략이다. 성공하면 큰 수익을 낼 수 있지만 실패하면 오랜 기간 고통을 감내해야 한다.

한국증시는 종종 '박스권 단기매매 시장'이라고 불릴 만큼 변동성이 크고 방향성이 뚜렷하지 않은 특징을 가진다. 특히 경기 민감 업종의 비중이 높아서 주도주가 빠르게 순환하는 경향이 강하다. 실제로 팬데믹 이후 시장의 흐름을 보면 플랫폼 기업에서 이차전지, 다시 조선, 방산, 원전, 그리고 인공지능AI 투자 붐에 따른 반도체로 이어지며 주도 섹터가 짧은 주기로 급등락을 반복했다. 이러한 특성 때문에 한국 시장에서는 역발상 전략이 특히 중요하다.

현재의 주도주에 올라타더라도 매도 타이밍을 사전에 계획해야 한다. 동시에 시장의 관심에서 벗어난 업종 중에서 다음 사이클의 주도주가 될 만한 후보를 미리 발굴해야 한다. 결국 과열된 주도주를 경계하면서 저평가되고 외면받는 영역에서 기회를 찾는 태도가 필요하다.

흐름에 올라타는 민첩함이 요구되는 추세 추종 전략은 시장이 움직이는 방향을 민첩하게 포착해 수익을 실현하는 방식이다. 주가가 오르고 거래량이 늘어나며 수급이 몰리는 구간에서 기민하게 매수하여 단기적인 성과를 얻는 것이 기본 구조다. 이 전략은 특히 한국 시장처럼 테마 순환과 이슈 반응이 빠른 환경에서 자주 활용된다. 이차전지, 메타버스, 방산, 원전, 로봇, 인공지능AI 등 특정 테마가 떠오르면 먼저 기관과 외국인의 자금이 유입되면서 주가가 급등하고 이어서 개인투자자들이 뒤따라서 올라타며 단기 수익을 경험한다. 그러나 상승의 끝을 예측하기는 어렵다. 고점에서 매수해 손실을 보는 경우가 많다. 특히 레버리지를 사용하면 손실 폭은 순식간에 커진다. 따라서 추세 추종 전략에서는 손절 원칙을 철저히 지키고 레버리지 사용을 경계하며 분할매도를 통해 탐욕을 제어하는 것이 필수다. 이러한 추세 추종 전략은 모멘텀 투자와 밀접하게 연계되어 있으며 이동평균선, 거래량, 차트 패턴 등 기술적 분석을 통해 매수와 매도 타이밍을 결정하는 경우가 많다.

역발상 전략과 추세 추종 전략은 각각 가치투자와 모멘텀 투자 철학이 실전에 적용된 형태라고 할 수 있다. 역발상 전략은 시장 심리에 흔들리지 않고 본질적 가치를 추구하는 데 초점을 맞춘다. 추세 추종 전략은 흐름을 빠르게 읽어 단기 성과를 추구하는 데 강점이 있다. 이러한 두 전략을 다시 살펴보는 이유는 투자자가 자신의 성향과 시장 환경에 맞는 전략을 스스로 선택할 수 있어야 하기 때문이다. 단순히 개념을 아는 것을 넘어 어떤 상황에서 어떤 전략이 유효한지와 그 전략이 자신과 잘 맞는지를 판단하는 안목이 필요하다.

현실적으로 개인투자자는 정보 접근성과 분석 능력의 한계로 인해 추세 추종 전략을 주로 선택한다. 초기에는 성과가 좋을 수 있지만 시간이 지날수록 탐욕에 휘말려 고점 매수, 레버리지 사용, 매도 타이밍 실기 등으로 이어져 결국 되돌리기 어려운 손실을 경험하는 경우가 많다. 반면 역발상 전략은 수익 가능성이 크지만 심리적으로 감당하기 어려운 전략이다. 시장에 대한 깊은 이해와 통찰 그리고 공포 속에서도 매수할 수 있는 용기가 필요하다. 또한 시장의 외면이 장기화될 수 있기 때문에 전문가들조차 신중하게 사용하는 전략이다.

개인투자자에게는 현실적인 전략이 필요하다. 전략은 추세 추종으로 하되 사고방식은 역발상적 시각을 훈련하는 것이 바람직하다. 시장의 흐름에 올라타더라도 흐름의 끝을 항상 의심하고 모두가 들뜨는 순간 스스로 한 발짝 물러서는 습관을 길러야 한다. 동시에 다음 사이클에서 주도주가 될 만한 소외 섹터를 미리 살펴보는 안목도 길러야 한다. 이러한 역발상적 사고와 태도는 탐욕을 제어하고 리스크를 관리하는 투자자의 방패가 된다. 추세 추종 전략을 사용하더라도 그 안에 '의심하는 눈'과 '냉정한 판단력'을 녹여낼 수 있다면 수익과 위험을 균형 있게 조절할 수 있다.

결국 투자자는 자신만의 프로세스로 성장한다. 주변 전략으로서 개별주식 투자의 세계는 단순한 종목 선택의 문제가 아니다. 그 안에는 경제와 시장을 이해하려는 시도, 기업을 깊이 들여다보는 분석, 자신을 통제하고 훈련하려는 과정이 담겨 있다. 무엇보다 어떤 전략을 선택하든 가장 중요한 질문은 단 하나다.

"나는 이 기업을 얼마나 제대로 이해하고 있는가?"

가치투자는 기업의 내재가치를 이해하는 데서 출발한다. 모멘텀 투자 역시 흐름만 쫓는 것이 아니라 어떤 종목을 선택했는가에 따라 성패가 갈린다. 기업에 대한 이해 없이 단순히 기술적 분석과 수급 흐름에만 의존한 투자는 언제나 시장의 가혹한 검증을 받게 된다. 따라서 투자자는 우선적으로 투자 대상 기업에 대한 분석 역량을 갖추고 자신만의 프로세스를 정립해야 한다. 톱다운이든 바텀업이든 중요한 것은 전략 그 자체가 아니라 그 전략을 어떻게 자기 방식으로 정리하고 반복이 가능한 구조로 만드는가이다.

처음부터 완벽할 필요는 없다. 반복과 경험을 통해 판단 기준을 세우고 실제 투자에 적용해 보는 것이다. 이 과정에서 투자자는 단순한 매매를 넘어 자신만의 투자 원칙과 전략을 다듬게 된다. 개별주식 투자는 곧 훈련이다. 기업에 대한 깊은 이해, 시장에 대한 꾸준한 관찰, 그리고 실패와 성공의 반복 속에서 자기만의 투자 루틴이 형성된다. 이 루틴이 곧 투자자로서의 실력이다.

핵심 전략이 자산을 안정적으로 불려주는 토대라면 주변 전략은 투자자로서 역량을 키우는 성장의 과정이다. 두 전략은 서로를 보완하며 자산의 복리 축적과 투자자의 성숙을 함께 이끌어간다.

 **투자 인사이트**

투자자로서 성장을 위한 주변 전략

- 핵심 전략이 자산을 늘리는 기반이라면 주변 전략은 투자자로서 실력을 키우는 성장의 과정이다.

- 주변 전략으로서 개별주식 투자는 종목 선택에 따른 단기 수익이 아니라 자신만의 투자 원칙과 프로세스를 확립하고 정신력을 단련하는 훈련의 과정이다

- 개별주식 투자 접근법과 전략
    ① 톱다운 방식과 모멘텀 전략
      톱다운 방식은 거시환경 변수의 변화 방향을 예측하고 수혜주를 선제적으로 투자하는 것이다. 모멘텀 전략은 상승하는 테마나 성장주 또는 주도주에 편승하는 전략이다. 톱다운 방식과 모멘텀 전략은 감정의 통제와 매도 전략이 중요하다.
    ② 바텀업 방식과 가치투자 전략
      바텀업 방식과 가치투자 전략은 기업의 본질과 내재가치에 집중하는 것인데 가치 실현이 지연될 경우에 인내가 필요하다. 한국형 가치투자 전략은 주주 중시 경영을 실천하는 기업을 발굴하는 것이 핵심이다.

③ 역발상 전략 대 추세 추종 전략

　　역발상은 대중과 반대 방향으로 행동하는 것이고 추세 추종은 시장이 움직이는 방향에 민감하게 반응하는 것이다. 투자 전략은 추세 추종으로 수립하되 사고방식은 역발상적 시각을 갖는 것이 유효하다.

- 주변 전략으로서 개별주식 투자는 자신만의 투자 프로세스를 만들어가는 과정이다.

4
성공 투자의 3대 원리는 삶의 원리다

나는 성공 투자의 3대 원리는 복리, 분산, 절제라고 생각한다. 이는 단순한 자산 형성의 법칙을 넘어 일과 삶을 대하는 근본적인 태도이자 지혜다. 그리고 이 원리들을 가장 현실적으로 실천 방법이 바로 핵심-주변 전략이다. 핵심은 복리를 통해 자산을 안정적으로 쌓아가는 기둥이다. 주변은 성장 기회를 포착하며 투자자로서의 시야와 실력을 넓혀주는 장이다.

투자는 단순히 돈을 버는 기술이 아니다. 그것은 어떻게 살고 싶은지를 깊이 고민하며 시간을 배분하고 자본을 투입하며 감정을 다스리는 과정이다. 나는 이러한 삶의 본보기로 워런 버핏을 꼽는다. 그는 복리와 절제를 삶으로 증명했기 때문이다. 전 세계 투자자들의 존경을 받아온 워런 버핏이 2025년 5월 주주총회에서 "연말에 버크셔 해서웨이 CEO 자리에서 물러나겠다."라고 선언했다. 그는 95세로 80년이 넘는 투자 경력을 갖고 있다. 1965년부터 공식적으로 기록된 지난 60년간의 수익률이 약 20%라는 놀라운 성과를 거두었다. 같은 기간 S&P 500 지수의 10% 수익률을 두 배 이상 능가한 성과였다. 만약 1965년에 100만 원을 투자했다면 2025년 기준 가치는 무려 550억 원에 달한다. 한 시대를 대표한 그의 은퇴는 투자 세계에 큰 울림을 남긴다.

버핏은 단순히 성공한 투자자가 아니다. 주식 투자가 매매를 통해 단기수익을 추구하는 것이 아니라 사업을 선택하여 그 회사의 주주가 되는 것임을 투자 성과로 입증한 인물이다. 그는 좋은 기업을 선택해 장기간 함께하며 복리의 힘이 어떻게 자산을 성장시키는지를 명확히 보여주었다. 물론 버핏 자신은 소수의 개별주식에 집중적으로 투자하여 큰 성공을 거두었다. 그러나 그것이 일부 전문 투자자의 영역임을 누구보다 잘 알았기에 개인투자자에게는 "S&P 500 ETF에 장기 투자하라."는 현명하고도 진정성 있는 조언을 남겼다.

무엇보다 버핏은 평생 모은 자산을 사회에 환원하겠다고 약속하며 이미 약 81조 원(600억 달러 이상)을 기부했다. 현재 그의 순자산은 약 220조 원(1,540억 달러)에 이르며 향후 이를 대부분 기부한다면 총기부액은 약 300조 원에 달하게 된다. 그의 삶은 '복리와 절제 그리고 나눔의 정신이야말로 투자와 인생을 함께 풍요롭게 만드는 길'이라는 것을 분명하게 보여준다.

버핏은 1957년에 고향인 네브래스카주 오마하에서 한 주택을 매입해 수리한 뒤 지금까지 그 집에서 살아오고 있다. 나도 직접 방문해 확인해 봤지만 세계 최고의 부호 가운데 한 사람의 집이라고 하기에는 그저 평범한 2층 단독주택일 뿐이다. 화려한 저택이나 사치스러운 생활과는 거리가 먼 그의 모습은 절제와 검소함을 잘 보여준다. 그는 자신이 투자한 맥도널드와 코카콜라를 즐겨 마시고 자동차나 휴대전화도 쉽게 바꾸지 않은 것으로 유명하다.

성공 투자의 3대 원리는 복리, 분산, 절제다

개인투자자가 주식 투자를 통해 장기적으로 성공하는 길은 절대 쉽지 않다. 특히 개별종목에 집중해 초과 수익을 거두는 일은 더욱 어렵다. 내가 강조했듯이 개인투자자에게 가장 현실적이며 성공 투자로 입증된 전략은 복리의 법칙이 작동하는 주가지수 ETF에 장기 투자하는 것이다. 지난 100여 년간의 자본시장 역사는 이를 분명하게 보여준다. 미국 증시, 특히 S&P 500 지수는 연평균 8~10%의 안정적인 수익률을 기록했다. 이를 추종하는 ETF에 꾸준히 투자한 투자자들은 '72법칙'이 말하는 복리의 가속도 효과를 실제로 체험해 왔다.

그렇다면 어떻게 주식 투자를 통해 미래의 경제적 자유를 이루고 가치 있고 의미 있는 삶을 준비할 수 있을까? 나는 주식 투자를 단순한 재테크 수단이 아니라 '자산 형성을 위한 삶의 전략'으로 바라볼 것을 제안한다. 이를 위해 이 책은 네 가지 기둥 위에 전체 내용을 체계적으로 세워왔다. 첫 번째 기둥은 복리와 자본주의의 이해를 통해 주식 투자의 본질을 밝히는 것이다. 두 번째 기둥은 주가 결정 요인, 가치평가, 분산투자 원리 등 투자 성과의 기초가 되는 이론이다. 세 번째 기둥은 감정과 편향$_{bias}$에서 벗어나 심리적으로 성숙한 투자자가 되는 길이다. 네 번째 기둥은 ETF와 연금계좌, 개별주식을 활용한 현실적이고 실행할 수 있는 전략이다.

이 네 가지 기둥이 균형을 이루는 것은 지속가능하고 안정적인 투자관을 완성하는 토대다. 그 위에 성공 투자의 3대 원리인 복리, 분산, 절제를 명심하고 핵심-주변 전략을 실천한다면 투자자는 단기 수익의 유혹과 시장 변동성에 흔들리지 않고 오랜 시간에 걸쳐 자산을 성장시켜 나갈 수 있다. 그리고 그 과정에서 물질로부터 자유를 누리며 가치 있고 의미 있는 삶을 완성해 갈 수 있을 것이다.

현대의 젊은 세대가 마주한 가장 큰 고민은 바로 경제적 불안정성이다. 자산이 곧 사회적 지위로 이어지는 시대에 '부' '자산' '돈'이라는 단어는 그 어느 때보다 민감하게 다가온다. 그러나 근로소득만으로 자산을 형성하기는 쉽지 않다. 벤처 창업은 바람직하지만 성공 확률이 낮다. 부동산은 진입 장벽이 높아 '영끌' 투자로 이어지기 쉽다. 더구나 앞으로 부동산이 과거처럼 높은 수익률을 제공할지도 불확실하다.

퇴직연금 운용 현황은 더 심각하다. 원리금 보장형 상품 비중이 80% 이상에 달하며 평균수익률은 2% 수준에 머문다. 이 정도로는 인플레이션을 고려한 실질 자산의 증가를 기대하기 어렵다. 다음

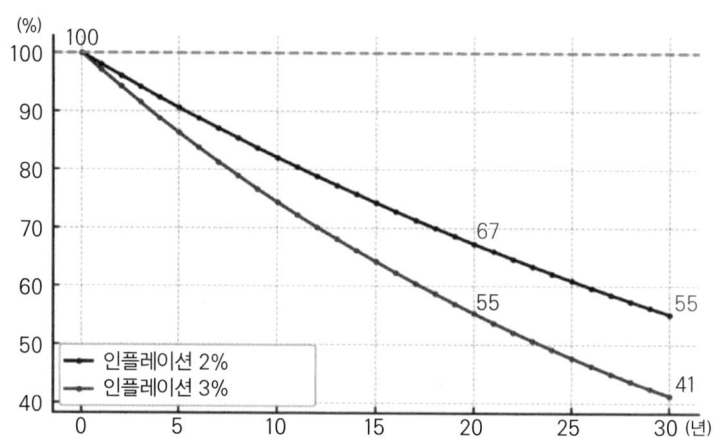

인플레이션으로 인한 실질 구매력 하락

그래프에서 보듯이 인플레이션이 연 2%로 지속되면 30년 후 실질 구매력은 현재의 55%로 준다. 3%일 경우에는 41%에 불과하다. 지금의 1억 원이 30년 뒤에는 절반 이하의 가치로 축소되는 셈이다.

100세 시대를 사는 은퇴 세대는 퇴직금과 국민연금만으로 30년 이상을 버티기 어렵다. 안정적인 현금흐름을 만들어줄 투자 전략이 절실하다. 그렇다면 개별주식 투자로 인한 손실, 젊은 세대의 절박한 자산 형성 욕구, 노년 세대의 노후 불안을 동시에 해결할 수 있는 길은 무엇일까?

내가 지난 35년간 국내외 금융시장에서 직접 투자하고 연구한 결론은 분명하다. 복리의 힘이 작동하는 주가지수 ETF에 인내심을 갖고 장기 투자하는 것 그리고 소규모로 개별주식에 투자하며 실력을 쌓는 것, 이 두 가지가 개인에게 가장 현실적이고 지속가능한 투자 전략이다.

성공 투자의 3대 원리는 자산 형성과 삶의 철학적 토대가 된다

이 책이 제안하는 투자 철학의 핵심인 '성공 투자의 3대 원리', 즉 복리의 법칙, 분산투자의 지혜, 겸손과 절제의 태도 등을 하나씩 살펴보고자 한다. 이 원리들은 단순한 투자 기법이 아니다. 장기적으로 자산을 축적하고 삶의 균형을 유지하게 하는 철학적 토대이자 누구나 실천할 수 있는 전략이다.

먼저 복리의 법칙이다. 만약 지금의 자산이 10년 후 2배, 30년 후 8배로 불어날 수 있는 투자 기회가 있다면 어떻게 하겠는가? 세상은 겉보기에 불규칙하게 움직이는 것 같지만 그 안에는 창조주가 설계한 변하지 않는 원리가 있다. 내가 깨달은 '부 축적'의 핵심 원리는 '복리'다. 아인슈타인이 "복리는 인류 최고의 발명품"이라고 한 것도 단순하면서도 강력한 이 원리의 힘 때문이다. 많은 사람이 복리라는 개념은 알지만 실제로 그 힘을 누리는 사람은 많지 않다. 복리는 오랜 시간 흔들림 없이 투자할 때만 진가를 발휘하기 때문이다.

복리가 초가속 효과를 내려면 몇 가지 조건이 충족되어야 한다. 첫째, 자산의 가격이 장기적으로 우상향하는 구조여야 한다. 둘째, 일정 수준 이상의 수익률이 확보되어야 한다. 2% 정도의 낮은 수익률로는 복리 효과가 미미하다. 셋째, 변동성이 낮아야 한다. 가격이 큰 폭으로 오르내리면 복리 효과가 제대로 작동하지 않는다. 예컨대 100만 원이 50% 하락 후 50%가 상승해도 75만 원에 불과하다. 평균적으로는 본전 같아 보이지만 실제 자산은 줄어든다.

역사적으로 이 세 가지 조건을 모두 안정적으로 충족한 대표 자산은 미국 S&P 500 지수다. 미국 자본주의 시스템에 대한 논란이 있지만 기술혁신, 기업생태계, 자본시장 인프라 측면에서 여전히 세계 최고의 경쟁력을 유지하고 있다. 특히 S&P 500 지수는 성과가 떨어진 기업을 배제하고 새로운 강자를 편입하기 때문에 언제나 최강 기업들로 구성된다.

S&P 500 외에도 전 세계 주식을 포괄하는 글로벌 ETF(글로벌 주가지수)는 국가별 리스크를 분산하여 장기 복리에 적합하다. 다만 국내 증시에 상장된 상품이 제한적이므로 연금 계좌를 통한 접근성은 다소 낮다. 반면에 특정 국가나 섹터에 집중하는 ETF는 장기 복리보다는 단기 주변 전략에 더 알맞다.

복리의 실제 효과를 예를 들어 설명해 보자. 연 400만에 원씩 30년간 원리금 보장형 상품(연 2%)에 투자하면 총자산은 약 1억 6,000만 원에 불과하다. 반면 같은 금액을 S&P 500 ETF(연 8%)에 투자하면 약 4억 5,000만 원이 된다. 단순히 연수익률 차이가 6%포인트일 뿐이지만 복리의 힘은 결과를 3억 원 이상 벌어지게 만든다.

이 수치는 절대 작지 않다. 실제로 우리나라 가구 상위 10%의 순자산 기준액이 약 10억 원인데 가구당 인원 기준(2.2명)으로 보면 연금 하나로 상위 10% 수준에 근접하는 자산 형성도 가능하다는 의미다. 복리는 평범한 사람을 비범한 결과로 이끄는 가장 강력한 원리다.

　복리를 실현하려면 단지 좋은 자산을 고르는 것만으로는 충분하지 않다. 시장에 오래 머무를 수 있는 구조, 곧 변동성에도 흔들리지 않고 장기적으로 투자할 수 있는 장치가 필요하다. 이를 위해서는 세 가지 요소가 동시에 작동해야 한다. 첫째, 개별종목보다는 지수 ETF에 투자하는 것이 유리하다. 지수 ETF는 변동성을 줄이고 장기 생존 확률을 높여 복리에 적합한 환경을 만든다. 둘째, 연금 계좌를 활용하는 것이 효과적이다. 연금 계좌는 중도 인출이 어려워 자연스럽게 장기 투자 구조를 형성한다. 세제 혜택까지 더해져 최종 수익률을 크게 끌어올린다. 셋째, 자동 적립이 필요하다. 일정 금액을 정기적으로 투자하면 시장 타이밍을 고민할 필요가 없고 하락기에는 더 많은 수량을 살 수 있어 오히려 장기 성과에 유리하다.

　결국 복리는 '좋은 자산×시간×지속가능한 구조'가 결합할 때 비로소 진가를 발휘한다. 복리는 단순한 금융 지식이 아니다. 시간, 감정, 인내의 싸움에서 끝까지 살아남은 사람에게 주어지는 선물이다. 주가의 단기 변동, 뉴스의 소음, 주변의 조언에도 흔들리지 않고 원칙을 지킨 투자자만이 이 보상을 얻게 된다.

　그러나 복리의 원리는 투자 세계에만 국한되지 않는다. 적은 노력을 꾸준히 쌓아가는 모든 일에서 복리의 힘을 경험할 수 있다.

- 독서: 매일 10분씩 책을 읽으면 지식이 쌓이고 사고력과 통찰

력이 눈덩이처럼 커진다.
- 운동: 하루 30분 정도의 꾸준한 운동은 체력뿐 아니라 자세, 면역력, 정신 건강까지 향상시킨다.
- 습관: 아침 일찍 일어나기, 감사 일기 쓰기 같은 작은 습관은 시간이 지나면 자기 통제력과 자존감을 키우고 삶 전체의 질을 바꾼다.
- 인간관계: 사소한 배려와 작은 신뢰가 쌓여 강한 관계 자산을 만든다.

결국 복리는 작은 행동의 성실한 반복이 시간이 지나면서 거대한 변화를 만드는 원리다. 투자든 인생이든 복리의 힘은 인내와 성실함으로 끝까지 실천하는 사람의 편에 선다.

그다음으로 분산투자의 원리다. 복리의 법칙이 수익률을 극대화하는 원리라면 분산투자는 위험을 통제하고 시장에서 오래 투자할 수 있도록 돕는 원리다. 자산 형성을 위한 복리 투자가 성공하려면 손실을 줄이면서 시장의 변동성에도 흔들리지 않고 투자를 지속할 수 있어야 한다. 이런 점에서 분산투자는 가장 기본적이면서도 가장 강력한 리스크관리 수단이다.

분산투자의 원리는 크게 세 가지 차원에서 적용할 수 있다.

첫째, 자산군의 분산이다. 사람은 평생 금융자산(예금, 주식, 채권), 실물자산(부동산), 그리고 무엇보다 중요한 인적자산을 축적한다. 20~40대는 인적자산의 가치를 키우는 것이 최우선이다. 소득을

분산의 세 가지 축

| 총자산 | 인적자산 | 금융자산 | 실물자산 |

| 주식
(장기, 수익성) | 채권
(중기, 안정성) | 현금
(긴급자금) |

| 속성 상이 | 종목수 | 장기 적립식 | 달러 자산 |

늘리고 경험과 전문성을 쌓아 자신의 시장 가치를 높이는 것이 최고의 투자다. 동시에 적은 금액이라도 주가지수 ETF 적립식 투자를 시작해 미래의 기반을 마련해야 한다. 50대는 금융자산과 실물자산의 균형이 중요하다. 그러나 은퇴 이후에는 실물자산보다 금융자산이 더 중요하다. 유동성과 안정성을 우선하면서 일부는 성장형 자산에 유지해 장기적인 구매력을 보전해야 한다.

둘째, 금융자산 내부의 분산이다. 예금은 3년 이내 사용할 비상자금이나 단기자금에 적합하다. 채권은 만기 보유 중심으로 접근해 안정성을 확보하고 타이밍 매매는 지양하는 것이 바람직하다. 주식은 장기 수익의 핵심으로 핵심 자산과 주변 자산으로 구분해 투자하는 것이 효과적이다. 금이나 비트코인 같은 대체 자산은 위험 분산과 헤지 차원에서 소량 편입하는 것이 적절하다.

셋째, 주식 내 분산이다. 종목은 최소 10개 이상으로 나누어 투자하는 것이 바람직하다. 가장 효율적인 방법은 주가지수 ETF를 활용하는 것이다. 시점 분산도 중요하다. 적립식 투자$_{DCA}$를 통해

국민연금 자산 배분과 투자 성과

(금액가중수익률 기준, 단위: 조 원, %)

구분		운용현황(2024)		운용수익률			
		평가액	비중	2024년 (잠정)	2023년	2022년	설립 이후 (1988~2024)
기금자산계		1,212.9	100.0	15.00	13.59	-8.22	6.82
금융부문		1,212.3	100.0	15.02	13.61	-8.24	6.80
	국내주식	139.7	11.5	-6.94	22.12	-22.76	5.40
	해외주식	431.0	35.5	34.32	23.89	-12.34	15.17
	국내채권	344.3	28.4	5.27	7.40	-5.56	3.71
	해외채권	88.3	7.3	17.14	8.84	-4.91	5.80
	대체투자	206.9	17.1	17.09	5.80	8.94	10.48
	단기자금	3.5	0.3	6.43	4.23	-0.86	3.40
복지부문		0.2	0.0	1.06	0.94	-0.27	5.65
기타부문		0.4	0.0	2.14	2.09	1.15	1.52

주가가 하락할 때 더 많은 수량을 매수함으로써 평균 단가를 낮출 수 있다. 또한 지역과 통화의 분산 역시 필수적이다. 한국 시장은 글로벌 비중이 2%에 불과하므로 미국 S&P 500이나 글로벌 ETF를 통해 해외 자산을 확보해야 한다. 특히 기축통화인 달러 자산 편입은 장기 투자에서 반드시 고려해야 할 요소다.

이러한 지역과 통화 분산투자의 성공적 사례로 국민연금을 꼽을 수 있다. 국민연금은 전체 자산의 절반가량을 해외에 투자하고 있다. 주식 자산만 보더라도 해외 비중이 35% 이상인 반면 국내 주식은 11%에 불과하다. 이는 기본적으로 미국을 비롯한 해외주식의 수익률이 국내보다 높았기 때문이다. 실제로 국민연금의 지난 36년간 평균수익률은 6.82%인데 그 배경에는 해외 투자 비중 확대가 있었다. 그러나 국민연금이 해외 자산을 늘린 이유는 단순히 수익률 차이만이 아니다. 환율 충격이나 외환위기와 같은 거시적 리스크에 대비하기 위한 전략이기도 하다. 개인투자자 역시 국가와 통화의 분산을 고려해야 한다.

분산투자는 앞날을 완벽히 예측할 수 없다는 사실을 인정하고 최악의 상황에서도 시장에 머물 수 있도록 준비하는 지속가능한 투자 전략이다. 복리가 자산을 키우는 엔진이라면 분산은 그 엔진이 멈추지 않도록 지켜주는 안전장치다. 이 원칙은 투자에만 국한되지 않는다. 인생의 중요한 선택에서도 한 방향에 모든 것을 걸기보다 여러 가능성을 열어두는 지혜는 언제나 유효하다.

마지막으로 겸손과 절제의 원리다. 주식 투자는 마음 사업이다. 이는 단순한 비유가 아니다. 투자 여정에서 감정이 얼마나 결정적인 역할을 하는지를 보여주는 진실이다. 탐욕과 공포, 불안과 후회는 투자자의 판단을 흔들고 결국 투자 성과를 좌우한다. 인간은 본능적으로 재물에 끌리고 손실에 민감하다. 『성경』은 "돈을 사랑함이 일만 악의 뿌리"라고 경고한다. 욕망은 판단을 흐리고 위험을 키운다.

매일 수백 개 종목이 오르내리는 시장에서 언론과 SNS는 급등주와 성공담을 쏟아내고 투자자는 상대적 박탈감과 놓친 기회에 대한 아쉬움, 즉 포모FOMO에 빠지기 쉽다. 그러나 진짜 고통은 주가가 급락할 때 시작된다. 목돈을 투자했거나 차입 매수를 했다면 손실은 삶의 평온을 무너뜨리는 심리적 압박이 된다. 어떤 이들은 이로 인해 수면장애나 불안장애를 겪기도 한다. 이 모든 것은 인간의 본성, 즉 욕망과 두려움이 주식의 본질적 속성인 변동성과 결합될 때 나타나는 자연스러운 결과다. 결국 가장 먼저 다스려야 할 대상은 바로 자신의 마음이다.

투자의 세계에서 겸손과 절제는 실전 경험 속 시행착오를 통해서 길러진다. 그러나 인간의 본성과 감정의 한계 때문에 이 원칙을 투자 여정 내내 지켜내기는 쉽지 않다. 그래서 투자자에게는 시장 전체를 담는 주가지수 ETF에 장기 투자하는 것이 가장 현실적이고 안전하며 끝까지 지속할 수 있는 선택이 된다.

투자는 삶을 더 여유롭고 평안하게 만들기 위한 수단이다. 주식 때문에 잠을 못 이루고 회사 일에 집중력이 떨어지고 삶의 균형이 깨진다면 자신의 투자 방식을 돌아봐야 한다. 한국 개인투자자 대다수가 손실을 경험하며 매매 횟수가 많을수록 손실 폭은 커진다. 전문가조차 장기적으로 지수를 이기는 경우가 드물다. 그렇다면 일반 투자자에게 중요한 것은 지수에 준하는 수익률을 마음 편히 꾸준히 얻는 것이다.

노벨경제학상 수상자인 폴 사무엘슨은 S&P 500 지수에 투자하는 것이 꿀잠을 자면서 자산을 불려 미래에 여유로운 삶을 즐길 수 있는 길이라고 말했다. 이른바 '꿀잠 투자'인 것이다. 개별종목 투자는 충분한 경험, 지식, 감정 통제력이 있을 때 감당이 가능한 범위에서만 시도해야 한다. 주가지수 ETF에 투자하면서 본업에 집중하고 꿀잠을 자면서 마음의 평안을 유지하는 것이 투자와 삶을 모두 지켜내는 바른길이다.

이 책은 투자의 네 가지 측면을 건물을 떠받치는 '기둥'에 비유해 자산 형성을 위한 주식 투자의 전반적인 내용을 통합적으로 설명했다. 이제 결론에서는 투자자들이 반드시 기억해야 할 성공 투자의 세 가지 핵심 원리인 복리, 분산, 절제를 정리했다.

복리의 원리는 시간이 만들어내는 힘을 보여준다. 장기간 지속될 때 비로소 복리의 가속도 효과가 작동하며 이를 실현하기 위해서는 주가지수 ETF에 저축하듯 꾸준히 투자하는 태도가 필요하다. 분산의 원리는 위험을 관리해 복리의 효과를 지켜준다. 종목, 시점, 지역과 통화를 나누어 쏠림을 막고 균형을 유지해야 한다. 겸손과 절제의 원리는 복리와 분산을 끝까지 지켜내기 위한 마음의 자세다. 특히 S&P 500 ETF라 해도 10년에 한 번은 30% 이상 폭락하고 매년 10% 이상의 하락이 반복되는 변동성 속에서 복리를 지키려면 절제와 인내가 필수다.

그러나 원리를 아는 것만으로 실행이 보장되지는 않는다. 이를 실제 자산운용에 녹여내기 위해 내가 제안하는 전략이 바로 핵심-주변 전략이다. 핵심 자산은 장기적이고 안정적인 자산 축적을 담당하고 주변 자산은 성장 기회를 활용하며 투자 경험을 쌓는 역할을 한다.

핵심-주변 전략을 통해 복리의 철학을 실행에 옮기자

주식 투자에 대해 가장 흔하게 먼저 던지는 질문은 "주식으로 당장 돈을 벌 수 있는가?"이다. 하지만 더 본질적인 질문은 "주식 투자를 통해 10년, 20년 뒤 내가 원하는 삶을 살 수 있는 자산을 만들 수 있는가?"이다.

그 답은 분명하다. 복리의 힘을 이해하고 감정에 휘둘리지 않으며 시장에 오래 머무를 수 있다면 누구나 가능하다. 개별종목의 단기 등락에 몰두하기보다 경제 성장을 선도하는 대표기업들로 구성된 주가지수 ETF에 장기 투자하는 것이 불확실성과 변동성을 넘어서는 가장 본질적인 길이다. 이 철학을 현실에 적용하기 위해 제안하는 방법이 바로 핵심-주변 전략이다. 내가 수십 년간 자산운용 실무에서 사용해 보고 검증한 전략이다.

① 핵심 자산: 복리를 쌓는 중심축
- 비중: 전체 자산의 약 70%
- 대상: S&P 500, 나스닥 100 등 주가지수 ETF
- 방법: 퇴직연금(확정기여형DC), 연금저축 등 세제 혜택 계좌에서 매월 또는 매년 정액 적립
- 목표: 10~30년 장기 보유로 복리 효과 극대화
- 원칙: 시장 상황과 관계없이 자동·규칙적으로 적립, 해지 금지, 인출 최소화

※ 직장인 팁
- 입사 초기부터 월급에서 적립식 자동이체를 우선 설정
- 연금저축계좌 활용으로 '세액공제+복리 효과' 동시 누리기
- 하락장은 '할인된 가격'에 더 많이 매수하는 기회로 인식(역발상)

② 주변 자산: 기회와 학습의 장
- 비중: 전체 투자자산의 최대 30% 이내
- 대상: 국내외 개별주식, 섹터 ETF 등
- 목표: 금융시장 이해, 전략 학습과 마음 훈련, 변동성을 활용하여 수익 추구
- 원칙: 감당할 수 있는 범위 내 운용, 투자 원칙 준수(손절매, 물타기)

※ 직장인 팁
- 주변 자산은 '실전 투자 학습비'로 인식
- 소액으로 다양한 종목에 투자해 시장 경험과 원칙 습득
- 심리적 오류와 행동 편향을 극복하는 훈련 과정으로 활용
- 수익이 나면 일부를 현금화해서 여행·취미 등 소소한 보상에 사용

핵심-주변 전략은 장기 자산 형성과 투자 경험 축적을 병행할 수 있도록 설계된 현실적이고 균형 잡힌 투자 전략이다. 핵심 자산이 장기 안정성과 복리 기반의 자산 형성을 책임진다. 주변 자산은 투자 감각을 기르며 기회를 활용하는 무대가 된다. 두 축은 독립적이지만 서로 보완하며 투자자 자신의 스타일을 완성해 가는 도구가 된다.

근로소득에서 자본소득으로 전환해야 한다

현대 자본주의 사회에서 부를 축적하는 길은 결국 자본가가 되는 것이다. 창업을 통해 사업의 주인이 되거나 성장하는 기업의 주주가 되어 자본주의 시스템이 만들어내는 결실을 공유하는 것이다.

젊은 세대가 사회에 진출해 미래를 준비하는 방식은 크게 두 가지로 나눌 수 있다. 안정적 소득을 기반으로 장기 복리를 추구하는 직장인형과 도전을 통해 새로운 가치를 창출하는 창업가형이다. 두 유형은 소득 구조가 다르므로 재산 형성을 위한 투자 전략도 달라야 한다.

먼저 직장인형은 무엇보다 연금 계좌를 통한 복리 기반 투자를 해야 한다. 공무원, 회사원, 교사, 전문직 종사자와 같이 정기적인 급여를 받는 다수의 직장인은 성실히 일하며 경제생활을 이어간다. 그러나 단순한 저축만으로는 인플레이션을 극복하기 어렵고 안정된 노후를 보장할 만한 자산을 마련하기에도 부족하다. 직장인형의 핵심 전략은 연금 계좌를 활용한 장기 자산 축적이다. 퇴직연금, 연금저축, 개인형퇴직연금IRP 등 세제 혜택이 주어지는 계좌에서 수익률이 검증된 주가지수 ETF를 꾸준히 적립식으로 투자하는 구조를 만드는 것이 핵심이다. 월급의 일정 부분을 자동으로 이체해 인출 없이 쌓아가면 장기 복리의 힘으로 자산은 기하급수적으로 증가하게 된다.

가장 중요한 것은 투자 자체보다 본업에서의 전문성과 가치를 높이는 일이다. 연봉 상승과 승진은 곧 연금 계좌 납입액 증가로

인생 재정 설계의 2가지 유형

구분	직장인형(근로·연금소득형)	창업가형(사업소득추구형)
부의 개념	• 부 = 직업(주수입) + 투자(부의 증식) - 급여: 기본 생활비 원천 - 투자: 핵심-주변 전략	• 부 = 사업 + (금융수익) - 사업을 통한 소득·부 창출 - 금융수익: 배당
생활 방식	• 평범하지만 성실한 직장인 • 절약과 저축 생활화 • 투자: 연금저축(적립식)	• 사업 성공을 위해 올인
노후 대비	• 공적, 사적 연금	• 사업소득, 금융소득(배당 등)
대상	• 중상류층 대부분 • 회사원, 공무원, 전문직 직장인	• 창업가, 벤처사업가(기업가) * 소규모 자영업자
핵심	• 인적자산의 가치 증대 • 시간의 복리 법칙: 지수 ETF 지속 투자	• 새로운 것 창조 '경쟁하지 말고 독점하라.'

이어져 장기 자산 축적 속도를 더욱 빠르게 만든다. 즉 직장에서 경쟁력을 강화해 증가한 근로소득을 연금 계좌의 지수 ETF 투자로 전환함으로써 안정적 소득을 자본소득으로 바꾸어 나가는 것이 직장인형의 올바른 길이다.

창업가형의 최고 투자처는 자기 사업이다. 창업가형에 가장 확실한 자산 증식 방법은 자신의 사업을 성장시키는 것이다. 자기 회사의 지분은 곧 최고의 주식이다. 기업이 성장할수록 지분 가치 또한 크게 확대된다. 사업이 성공하면 배당이나 지분 매각을 통해 현금흐름을 확보할 수 있다. 이를 다시 신사업이나 벤처 투자로 연결하면서 자산을 선순환 구조로 키워나갈 수 있다.

물론 모든 창업이 대규모 기업으로 성장하는 것은 아니다. 소규모 자영업자라면 무엇보다도 안정적인 사업소득을 확보하는 것이 최우선 과제이다. 일정한 현금흐름이 유지되어야만 장기적인 계획과 투자가 가능하기 때문이다. 여유자금이 생긴다면 개인형퇴직연금IRP이나 연금 계좌를 활용하여 주가지수 ETF에 장기 투자하는 방식으로 노후 자산을 병행해 쌓아가는 것이 바람직하다.

 **투자 인사이트**

복리, 분산, 절제와 핵심-주변 전략 투자법

- 복리의 시간, 분산의 지혜, 절제의 마음을 지키면서 핵심-주변 전략을 실행하면 필요한 자산을 축적하고 물질로부터 자유로운 삶을 통해 가치 있는 인생을 살게 될 것이다.

- 개인투자자로서 성공적인 주식 투자는 복리, 분산, 절제라는 세 가지 원리의 기반 위에 핵심-주변 전략을 실행하는 것이다.

- 성공 투자의 3대 원리
  ① 복리의 법칙: 강력한 자산 증식의 원리다. 미국 S&P 500 ETF처럼 수익률이 안정적인 자산에 '적립식 투자 + 연금계좌 + 자동 투자' 구조로 접근해야 한다.
  ② 분산투자의 원리: 가장 현실적인 리스크관리 전략이다.
  ③ 절제와 인내의 원리: 마음을 다스린다. 복리와 분산이란 투자 원칙은 절제와 인내의 기반 위에서만 지속될 수 있다.

- 실행 전략: 핵심-주변 전략

- 현대 경제 체제에서 부를 형성하는 길: '자본가가 되자.' 직장인형은 연금 계좌를 통해 주가지수 ETF를 장기 복리 기반 투자한다. 창업가형에게 최고의 투자처는 자기 사업이다.

에필로그
투자는 삶의 전략이다

주식 투자는 단순히 돈을 불리는 과정이 아니다. 그것은 '돈이 나 대신 일하게 하고 나는 내 인생에 더 집중할 수 있도록 돕는 삶의 전략'이다. 그러나 오늘날 한국의 개인투자자들은 여전히 기술적 분석이나 단기매매 중심의 개별주식 투자에 치우쳐 있다. 각종 유튜브와 커뮤니티에 의존한 '정보 투기'는 넘쳐나지만 정작 미국 자본시장의 역사 속에서 입증된 '복리의 초가속 효과를 통한 주가지수 투자가 가장 강력한 미래 자산 형성 수단'이라는 본질은 외면받고 있다.

나는 지난 35년간 국내외 금융시장에서 애널리스트, 펀드매니저, 자산 운용 최고책임자CIO로 활동하며 수많은 강의와 상담을 통해 다양한 투자자들의 고민을 직접 들어왔다. 그 과정에서 절실히 느낀 것은 투자에 대한 '기준'과 '철학'이 부재한 사람들이 너무 많다는 사실이었다.

이 책은 단순히 투자 지식을 나열하는 데 그치지 않고 실제 투자자들이 직면한 문제에 대한 현실적이고 실행이 가능한 해법을 담고자 했다. 특히 투자에 관심은 있지만 방향을 잡지 못한 3040세대와 직장인들이 균형 잡힌 전략과 실천 원칙을 세우는 데 도움이 되기를 바라는 마음을 담았다. 단기매매 기술서나 종목 추천서가 아니라 '투자의 본질 - 투자 이론 - 투자자 심리와 행동 - 투자 실행'이라는 네 가지 기둥을 중심으로 복리 시스템을 이해하고 감정을 다스리며 자신만의 원칙으로 지속가능한 투자를 이어가는 방법을 안내했다.

이를 통해 독자들은 복리의 법칙으로 시간의 가치를 배우고 분산의 원리로 불확실성을 이겨내며 절제의 훈련으로 감정에 휘둘리지 않는 지혜를 익혔을 것이다. 나아가 복리, 분산, 절제의 세 가지 원리가 단지 투자에만 국한되지 않고 삶의 모든 영역에 적용될 수 있는 보편적 원칙임을 깨달았을 것이다.

투자는 결국 돈을 다루는 과정을 통해서 돈에 휘둘리지 않는 삶을 준비하는 훈련이다. 나 역시 투자자, 기업인, 신앙인으로 살아오면서 돈과 성공보다는 의미와 사랑 그리고 물질적 부유함보다는 나눔과 절제를 더 귀하게 여겨야 한다는 사실을 배워왔다.

마지막으로 현실에서 바로 실천할 수 있는 5가지 핵심 전략을 다시 한번 정리하고자 한다. 이 전략은 누구나 지금 당장 시작할 수 있으며 장기적으로 복리의 선물을 안겨줄 삶의 습관이 될 것이다.

첫째, 자산 배분 원칙을 세운다. 투자 성과의 대부분은 자산 배분에서 결정된다. 투자 목적, 자금의 용도, 자신의 리스크 성향 등을 고려해 주식, 채권, 예금 등 자산군과 통화별 배분 원칙을 설정한다. 핵심은 인플레이션을 이길 수 있는 수익성 자산(주식)과 달러화 자산을 일정 비중 이상 포함하는 것이다.

둘째, 핵심-주변 전략을 실천한다. 자산의 약 70%는 주가지수 ETF 중심의 핵심 전략, 30%는 개별종목이나 섹터 ETF에 분산투자하는 주변 전략으로 구성한다. 단순하지만 복리와 투자 실력을 동시에 축적할 수 있는 가장 실용적인 방식이다.

셋째, 세제 혜택 계좌를 적극적으로 활용한다. 연금저축·개인형 퇴직연금IRP·ISA 계좌를 활용해서 '세금 절감 + 복리 효과'가 결합되면 최종 수익률이 크게 높아진다.

넷째, ETF를 전략적으로 선택한다. 장기 보유는 S&P 500 중심의 주가지수 ETF, 주변 전략은 섹터 ETF를 활용하되, 레버리지 ETF는 단기 대응용으로만 제한적으로 사용한다. 한국 코스피 200 ETF는 주변 전략 차원에서 검토한다.

다섯째, 연령별·소득 수준별로 전략을 조정한다. 20~40대라면 장기 복리의 시계를 최대한 빨리 돌린다. 소득의 일정 비율을 주가지수 ETF에 적립하고 개별주식은 제한적으로 운용한다. 또한 투자 원칙을 세우는 데 집중하며 시간과 자원은 자신의 경쟁력 강화에 쓴다. 50대는 안정성과 수익성의 균형을 추구한다. 60대 이후는 현금흐름 위주의 포트폴리오를 구성하되 S&P 500 ETF 중심의 수익성 자산 비중을 일정 부분 유지하는 것이 필요하다.

필요 자금 마련을 위한 투자 기간과 연간 적립 금액(연평균 수익률 8% 가정)

매년 적립금	10년	15년	20년	30년
100만 원	1,449만 원 (45%)	2,715만 원 (81%)	4,576만 원 (129%)	1억 1,328만 원 (278%)
300만 원	4,345만 원	8,145만 원	1억 3,728만 원	3억 3,984만 원
500만 원	7,243만 원	1억 3,576만 원	2억 2,881만 원	5억 6,641만 원
900만 원	1억 3,038만 원	2억 4,437만 원	4억 1,185만 원	10억 1,954만 원

다음의 표는 S&P 500 ETF가 연평균 8% 수익률을 기록한다고 가정했을 때 투자 기간과 연간 적립금 규모에 따른 자산 성장 시뮬레이션을 보여준다. 투자자는 은퇴 후 필요한 목표 자금과 남은 투자 기간을 고려하여 매년 투자 금액을 설계하고 이를 핵심 전략으로 꾸준히 실천해야 한다. 여유자금은 주변 전략으로 운용해 수익을 추가로 극대화할 수 있다.

예를 들어 은퇴 후 4억이 필요하다고 생각하는 40대일 경우 매년 연금저축·개인형퇴직연금IRP 세제 혜택 한도인 연 900만 원을 20년간 적립하면 약 4억 원의 연금 자산을 만들 수 있다. 여기에 국민연금과 퇴직연금이 더해지면 60대 이후에도 충분히 안정적이고 여유 있는 생활을 누릴 수 있을 것이다.

투자는 단순히 자산을 불리는 기술이 아니다. 돈이 스스로 일하는 시스템을 만든 뒤에 내가 진정 원하는 삶에 집중하게 하는 지혜로운 선택이다. 이 책이 독자들에게 물질로부터 자유로운 인생, 그리고 진정한 가치와 자유를 향한 삶을 준비하도록 안내하는 나침반이 되기를 소망한다.

부의 초가속
절약, 꾸준한 투자, 시간이 만드는 마법

초판 1쇄 발행 2025년 12월 8일
초판 3쇄 발행 2025년 12월 30일

지은이 황정호
펴낸이 안현주

기획 류재운 **편집** 안선영 **브랜드마케팅** 이민규 **영업** 안현영
디자인 표지 정태성 본문 장덕종

펴낸 곳 클라우드나인 **출판등록** 2013년 12월 12일(제2013-101호)
주소 우) 03993 서울시 마포구 월드컵북로4길 82(동교동) 신흥빌딩 3층
전화 02-332-8939 **팩스** 02-6008-8938
이메일 c9book@naver.com

값 20,000원
ISBN 979-11-94534-51-8 03320

* 잘못 만들어진 책은 구입하신 곳에서 교환해드립니다.
* 이 책의 전부 또는 일부 내용을 재사용하려면 사전에 저작권자와 클라우드나인의 동의를 받아야 합니다.
* 클라우드나인에서는 독자여러분의 원고를 기다리고 있습니다.
  출간을 원하는 분은 원고를 bookmuseum@naver.com으로 보내주세요.
* 클라우드나인은 구름 중 가장 높은 구름인 9번 구름을 뜻합니다. 새들이 깃털로 하늘을 나는 것처럼 인간은 깃펜으로 쓴 글자에 의해 천상에 오를 것입니다.